Révolution de l'IA : quitter sa vie métro boulot dodo et devenir rentier digital

Révolution de l'IA : quitter sa vie métro boulot dodo et devenir rentier digital

Philippe Eveilleau

Copyright © 2023 Philippe Eveilleau

Tous droits réservés

Conformément aux articles L.122-4 et L.335-2 du Code de la Propriété Intellectuelle, ce livre est protégé par les lois sur le copyright et tous droits sont réservés. La reproduction, même partielle, est interdite sans l'autorisation écrite de l'auteur ou de l'éditeur.

Les articles L.122-4 et L.335-2 du Code de la Propriété Intellectuelle en France établissent les bases légales de la protection des droits d'auteur en France. Ils garantissent la protection des œuvres originales et le droit exclusif de leur auteur de reproduire, représenter et diffuser son œuvre. En incluant ces articles dans votre clause de copyright, vous indiquez clairement que votre livre est protégé par les lois françaises sur le copyright et que toute reproduction non autorisée est interdite.

PHILIPPE EVEILLEAU

A Lisa, Côme et Amélie

Mes plus grandes sources d'inspiration

INTRODUCTION

Vous rêvez de devenir rentier avec un cash flow de 1000€ par mois ? Cela peut être possible en investissant dans des actifs qui génèrent des revenus réguliers ! Par exemple, en ayant un patrimoine immobilier de 500 000€ ou plus, vous pourriez atteindre cet objectif et vivre confortablement sans avoir à travailler !

Imaginez-vous, vous pourriez profiter de la vie et faire ce qui vous plaît tous les jours sans avoir à vous préoccuper de votre budget. Cela semble être un rêve, mais c'est tout à fait réalisable si vous planifiez soigneusement et investissez de manière stratégique.

Ça ce sont les réponses de l'ancien monde, du monde d'avant !

Car malheureusement, avoir un capital de départ de 500 000€ pour investir dans l'immobilier ou dans tout autre actif à part être bien-né pour la plupart d'entre nous c'est mission impossible.

C'est là que l'IA, l'intelligence artificielle, entre en jeu. Elle à fait ces derniers mois des bons en avant faramineux.

ChatGPT, le chatbot d'OpenAI, a fait un véritable carton sur internet lors de sa sortie en novembre 2022 ! Selon Sam Altman, co-fondateur d'OpenAI, ce chatbot a dépassé le **million d'utilisateurs en seulement cinq jours**.

Et pour cause, dès sa sortie, ChatGPT a épaté de nombreux experts par ses compétences en écriture, sa maîtrise de tâches complexes et sa simplicité d'utilisation. Pour le moment, ChatGPT est gratuit, mais Altman a indiqué que l'entreprise comptait facturer son utilisation à l'avenir. Ce chatbot, qui a suscité de nombreux éloges sur les réseaux sociaux, est considéré par certains comme pouvant un jour remplacer Google Search! Fondée en 2015 par Elon Musk et Sam Altman, Open-AI a pour objectif de promouvoir et de développer une intelligence artificielle bénéfique pour l'humanité en rendant ses brevets et ses recherches publiques et en collaborant librement avec d'autres institutions et chercheurs.

A tel point que face à l'avènement de l'IA, il y a ceux qui tremblent et qui pensent qu'ils vont perdre leur emploi.

Comme lors de la révolution industrielle. Certains sont devenus patrons et d'autres ouvriers.

C'est exactement la même situation 200 ans plus tard. Sauf que là il n'y a pas besoin de capital de départ ! Vous pouvez commencer dès aujourd'hui à devenir rentier digital.

Les rentiers digitaux sont les nouveaux rentiers d'aujourd'hui. Sans capital, sans grandes connaissance techniques, mais en utilisant des leviers et des outils pour l'instant très peu connus du grand public ils se créent des revenus passifs et des actifs numériques très rémunérateurs.

Dans ce livre, nous vous donnons pas à pas 7 méthodes à utiliser dès aujourd'hui pour commencer à vous créer votre rente digitale, même si vous n'êtes ni un pro du marketing, ni un génie.

En suivant méthodiquement ces étapes, en s'inspirant de ces exemples vous allez pouvoir vous créer votre empire numérique, sans même devoir quitter votre emploi ou vos études.

Vous avez juste besoin d'un ordinateur, d'une connexion Internet et d'une soif de liberté.

Vive l'IA-révolution !

Philippe Eveilleau

L'intelligence artificielle est en constante évolution et il est important de rester informé des dernières innovations pour réussir dans ce domaine.

Pour vous aider à rester à la pointe de ces nouvelles technologies et outils, nous vous proposons de rejoindre notre cercle privé de rentiers digitaux.

Cela vous permettra de profiter de notre veille permanente et de rester au courant des dernières tendances et opportunités dans le domaine de l'IA. Ne manquez pas cette occasion de vous créer une rente digitale en restant à jour !

https://digit-mentor.com/rentier-digital/

Au fait, si vous vous demandez comment vous pourriez très facilement créer ce genre de QR-Code, rendez-vous à la section bonus de ce livre.

DEVENIR RENTIER DIGITAL AVEC L'IA

Devenir rentier digital signifie avoir des sources de revenus passifs en ligne qui permettent de vivre sans avoir à travailler de manière active. Un rentier digital peut recevoir des revenus de différentes manières, comme la location d'un site web, la vente en ligne de produits ou de services, ou l'investissement dans des actifs numériques tels que des domaines Web ou des comptes de médias sociaux.

Pour devenir rentier digital, il est généralement nécessaire de mettre en place une entreprise en ligne ou de développer des sources de revenus passifs en ligne. Cela peut nécessiter une planification et une gestion efficaces du temps, ainsi qu'une compréhension des différentes options disponibles pour générer des revenus passifs en ligne. Il est également important de rester à jour sur les tendances et les opportunités dans le monde du digital, et de continuer à diversifier ses sources de revenus pour minimiser les risques.

Les actifs numériques sont des actifs qui existent sous forme numérique et qui peuvent être achetés et vendus sur Internet. Les actifs numériques comprennent des éléments tels que les noms de domaines Internet, les sites Web, les infoproduits, les formations en ligne, les vidéos, les musiques, les applications, les comptes de médias sociaux et les portefeuilles de crypto-monnaies.

Les actifs classiques ou 'actifs physiques, sont des actifs tangibles qui peuvent être touchés et possédés de manière physique. Les actifs classiques comprennent des éléments tels que l'immobilier, les véhicules, les œuvres d'art et les métaux précieux.

Il y a plusieurs différences clés entre les actifs numériques et les actifs classiques :

- Liquidité : Les actifs numériques sont généralement plus liquides que les actifs classiques, ce qui signifie qu'ils peuvent être vendus et achetés plus facilement et rapidement.
- Accessibilité : Les actifs numériques sont généralement plus accessibles que les actifs classiques, car ils peuvent être achetés et vendus en ligne à partir de n'importe où dans le monde.
- Coût de possession : Les actifs numériques ont généralement un coût de possession plus faible que les actifs classiques, car ils ne nécessitent pas de stockage physique ni de frais de transport.
- Volatilité : Les actifs numériques peuvent être plus volatils que les actifs classiques, car ils sont soumis à des fluctuations de prix plus fréquentes et plus importantes en raison de leur nature numérique.
- Durabilité : Les actifs numériques ont une durée de vie potentiellement plus longue que les actifs classiques, car ils ne s'usent pas avec le temps et ne sont pas sujets à la dégradation physique.

Voici quelques exemples de façons de générer des revenus passifs en ligne :

1. Création de sites web : Vous pouvez créer un site web qui génère des revenus grâce à la publicité, aux abonnements ou aux ventes de produits. Vous pouvez également louer votre site web à d'autres entreprises ou individus.
2. Vente en ligne : Vous pouvez vendre des produits en ligne via une plateforme de commerce électronique, comme Amazon

ou Etsy, ou en créant votre propre site de vente en ligne. Vous pouvez également vendre des services en ligne, comme des consultations ou des cours en ligne.
3. Investissement dans des actifs numériques : Vous pouvez investir dans des actifs numériques tels que des domaines Web, des comptes de médias sociaux ou des portefeuilles de crypto-monnaies. Ces actifs peuvent générer des revenus passifs grâce à la vente ultérieure de l'actif à un prix supérieur, ou grâce à la génération de revenus indirects, comme les frais de location d'un domaine Web.
4. Ebooks : Vous pouvez créer et vendre des ebooks en ligne sur des plateformes comme Amazon ou sur votre propre site web. Vous pouvez également utiliser des imprimeurs en ligne pour imprimer des versions physiques de votre ebook et les vendre sur des sites de vente en ligne tels que Etsy ou eBay.
5. Formations en ligne : Vous pouvez créer et vendre des cours en ligne sur des plateformes de e-learning telles que Udemy ou Teachable, ou sur votre propre site web. Vous pouvez également utiliser des plateformes de webinaires pour offrir des séances de formation en direct.
6. Print on demand : Vous pouvez utiliser des imprimeurs en ligne pour imprimer des produits personnalisés tels que des t-shirts, des coussins ou des sacs à main, et les vendre en ligne sur des sites de vente tels que Etsy ou Redbubble. Les imprimeurs en ligne s'occupent de la production et de l'expédition des produits, ce qui vous permet de générer des revenus passifs sans avoir à gérer les aspects logistiques de la vente en ligne.

Notez que pour générer des revenus passifs en ligne, vous devrez généralement mettre en place une entreprise en ligne ou investir de l'argent et du temps dans le développement de sources de revenus passifs.

L'IA peut être utilisée pour automatiser certaines tâches en ligne, ce qui peut être particulièrement utile pour les entreprises en ligne qui cherchent à libérer du temps et à se concentrer sur d'autres aspects de leur entreprise. Voici quelques exemples de tâches que l'IA peut être utilisée pour automatiser :

1. Gestion de sites web : L'IA peut être utilisée pour gérer des tâches telles que la mise à jour du contenu du site, la gestion des commentaires des visiteurs et la réponse aux messages des clients. Cela peut être particulièrement utile pour les entreprises qui gèrent plusieurs sites web et qui ont besoin de maintenir à jour le contenu de manière efficace.
2. Rédaction de contenu : L'IA peut être utilisée pour rédiger du contenu de qualité, comme des articles de blog ou des descriptions de produits, de manière rapide et efficace. Cela peut être utile pour les entreprises qui ont besoin de produire du contenu en quantité, ou qui ont des contraintes de temps pour rédiger du contenu de qualité.
3. Gestion des réseaux sociaux : L'IA peut être utilisée pour gérer les comptes de médias sociaux d'une entreprise, en publiant du contenu et en répondant aux messages des utilisateurs. Cela peut être utile pour les entreprises qui ont une présence active sur plusieurs réseaux sociaux et qui ont besoin de maintenir une communication constante avec leurs clients.

L'IA ne peut pas remplacer complètement l'intervention humaine dans la gestion d'une entreprise en ligne. Toutefois, en automatisant certaines tâches fastidieuses, l'IA peut libérer du temps pour que les propriétaires d'entreprises se concentrent sur des tâches à plus haute valeur ajoutée.

De nombreux avantages à devenir Rentier Digital

Devenir rentier digital peut offrir de nombreux avantages, tels que la flexibilité de travailler de n'importe où dans le monde, la possibilité de générer des revenus passifs et la possibilité de diversifier vos sources de revenus pour minimiser les risques.

La flexibilité est l'un des principaux avantages de devenir rentier digital. En tant que rentier digital, vous avez la possibilité de travailler de n'importe où dans le monde, du moment que vous avez accès à une connexion Internet. Cela vous permet de travailler depuis chez vous, dans un café ou même depuis un autre pays, ce qui peut être particulièrement utile si vous souhaitez travailler de manière flexible ou si vous avez besoin de plus de temps pour concilier vie professionnelle et vie personnelle.

En tant que rentier digital, vous avez également la possibilité de définir votre propre horaire. Vous pouvez travailler aussi longtemps ou aussi peu que vous le souhaitez, en fonction de vos besoins et de vos préférences. Cela peut être particulièrement utile si vous souhaitez lancer votre entreprise en parallèle d'un travail existant ou si vous avez besoin de plus de flexibilité pour gérer votre temps.

La flexibilité est un avantage clé de la vie en tant que rentier digital, car elle vous permet de travailler de manière plus efficace et de mieux concilier vie professionnelle et vie personnelle. Cela peut être particulièrement utile si vous avez des obligations familiales ou si vous avez besoin de plus de temps libre pour vous occuper de vous-même.

Les revenus passifs sont des sources de revenus qui ne nécessitent pas de travail actif de votre part pour être générés. En tant que rentier digital, vous pouvez avoir accès à plusieurs sources de revenus passifs en ligne, comme la location d'un site web, la vente en ligne de produits ou de services, ou l'investissement dans des actifs numériques tels que des domaines Web ou des comptes de médias sociaux.

Les sources de revenus passifs en ligne peuvent être particulièrement utiles pour les entreprises en ligne, car elles peuvent générer des revenus de manière continue, même lorsque vous êtes occupé à faire autre chose. Cela peut vous permettre de vous concentrer sur d'autres aspects de votre entreprise ou de votre vie personnelle tout en continuant à recevoir des revenus.

Les sources de revenus passifs en ligne ne sont pas toujours aussi passives qu'on le pense. Vous devrez généralement mettre en place une entreprise en ligne ou investir de l'argent et du temps dans le développement de sources de revenus passifs. Vous devrez également gérer votre entreprise en ligne et maintenir vos sources de revenus passifs pour qu'elles continuent à générer des revenus de manière efficace. Cependant, une fois que vous avez mis en place votre entreprise en ligne et que vos sources de revenus passifs sont en place, vous pouvez vous concentrer sur d'autres aspects de votre vie tout en continuant à recevoir des revenus.

Le faible besoin en capitaux est un autre avantage de devenir rentier digital. Certaines sources de revenus passifs en ligne nécessitent peu de capital de départ pour être mises en place, ce qui peut être particulièrement utile si vous n'avez pas beaucoup d'argent à investir.

Par exemple, vous pouvez investir dans des actifs numériques tels que des domaines Web ou des comptes de médias sociaux sans avoir besoin de beaucoup de capitaux (un nom de domaine coûte une dizaine d'euros). Vous pouvez également créer une entreprise en ligne avec un faible budget en utilisant des plateformes de vente en ligne gratuites ou en utilisant des logiciels de gestion de projet gratuits pour gérer votre entreprise.

Il est important de noter que, même si certaines sources de revenus passifs en ligne nécessitent peu de capital de départ, il peut être nécessaire d'investir du temps et de l'argent pour développer votre entreprise en ligne et générer des revenus de manière efficace. Cependant, le faible besoin en capitaux peut être un avantage clé pour les personnes qui n'ont pas beaucoup de moyens financiers et qui souhaitent lancer une entreprise en ligne sans avoir à investir beaucoup d'argent.

La diversification est l'un des avantages clés de devenir rentier digital. En tant que rentier digital, vous avez la possibilité de diversifier vos sources de revenus pour minimiser les risques et assurer une source de revenus stable.

Il y a plusieurs façons de diversifier vos sources de revenus en tant que rentier digital. Par exemple, vous pouvez investir dans plusieurs actifs numériques différents, comme des domaines Web, des comptes de médias sociaux ou des applications mobiles. Vous pouvez également créer plusieurs entreprises en ligne différentes, qui ciblent des niches différentes ou qui proposent des produits ou des services différents.

La diversification vous permet de minimiser les risques en répartissant votre investissement sur plusieurs sources de revenus différentes. Si l'une de vos sources de revenus ne fonctionne pas aussi bien que prévu, vous avez toujours d'autres sources de revenus qui peuvent vous aider à compenser les pertes.

La diversification ne garantit pas la réussite de votre entreprise en ligne. Vous devrez toujours faire des recherches et mettre en place une stratégie solide pour générer des revenus de manière efficace. Cependant, en diversifiant vos sources de revenus, vous pouvez minimiser les risques et assurer une source de revenus stable à long terme.

Rentier digital peut être difficile et les sources de revenus passifs en ligne comportent des risques. Comme pour toute entreprise ou tout investissement, il y a des risques associés à la création de sources de revenus passifs en ligne : effondrement des cryptos, suppression d'un compte sur votre plateforme sociale principale...

Il est donc important de faire des recherches et de comprendre les implications avant de se lancer dans une entreprise en ligne ou dans des investissements en ligne. Vous devriez également être prêt à mettre du temps et de l'effort pour développer votre entreprise en ligne et générer des revenus de manière efficace.

Malgré ces quelques risques, devenir rentier digital peut offrir de nombreux avantages, comme la flexibilité de travailler de n'importe où dans le monde, la possibilité de générer des revenus passifs et la possibilité de diversifier vos sources de revenus pour minimiser les risques. Si vous êtes prêt à mettre du temps et de l'effort pour développer votre entreprise en ligne et générer des revenus de manière efficace, devenir rentier digital peut être une excellente opportunité pour vous.

Étapes pour utiliser l'IA pour quitter sa vie "métro-boulot-dodo" et devenir rentier digital

En utilisant l'IA, vous pouvez automatiser certaines tâches, développer de nouveaux produits ou services, et même créer de nouvelles entreprises.

Il existe de nombreuses façons d'utiliser l'IA pour se diversifier et développer de nouvelles sources de revenus en ligne. Par exemple, vous pouvez utiliser l'IA pour automatiser certaines tâches fastidieuses ou répétitives, ce qui vous permet de vous concentrer sur des tâches à plus haute valeur ajoutée. Vous pouvez également utiliser l'IA pour créer de nouveaux produits ou services, en utilisant des algorithmes pour analyser les données et trouver de nouvelles opportunités de business.

En utilisant l'IA pour diversifier vos sources de revenus en ligne, vous pouvez développer votre entreprise de manière plus efficace et créer de nouvelles opportunités de business. Dans cette partie, nous allons vous montrer comment utiliser l'IA pour se diversifier et développer de nouvelles sources de revenus en ligne.

Nous allons examiner 7 business que vous pouvez démarrer maintenant avec l'aide de l'intelligence artificielle. En utilisant l'IA, vous pouvez automatiser certaines tâches, développer de nouveaux produits ou services, et même créer de nouvelles entreprises. Nous allons vous montrer comment utiliser l'IA pour diversifier vos sources de revenus en ligne et devenir pas à pas rentier digital.

En utilisant l'IA pour démarrer ces business, vous pouvez développer votre entreprise de manière plus efficace et créer de nouvelles opportunités de business. Nous allons maintenant examiner en détail chacun de ces business et vous montrer comment utiliser l'IA pour les mettre en place.

L'intelligence artificielle est un outil de choix pour devenir rentier digital.

Cependant, il est important de suivre une série d'étapes pour mettre toutes les chances de votre côté et réussir à atteindre cet objectif. Dans cette partie, nous allons vous présenter les étapes à suivre pour utiliser l'IA pour devenir rentier digital, en vous donnant des conseils pratiques et en vous présentant des exemples concrets de mise en application.

1. Étudiez les différentes options de revenus passifs en ligne disponibles. Il existe de nombreuses façons de générer des revenus passifs en ligne, comme la création de sites web, la vente en ligne, et l'investissement dans des actifs numériques. Faites des recherches et déterminez quelle option est la mieux adaptée à vos compétences et à vos objectifs.
2. Investissez dans les outils et les ressources nécessaires pour développer votre entreprise en ligne. Pour utiliser l'IA pour quitter votre vie "métro-boulot-dodo" et devenir rentier digital, vous aurez peut-être besoin d'investir dans des outils et des ressources pour développer votre entreprise en ligne. Cela peut inclure l'achat de logiciels de gestion de projet, de création de sites web ou de gestion de médias sociaux, ou l'investissement dans des cours en ligne pour apprendre de nouvelles compétences.
3. Automatisez autant de tâches que possible en utilisant l'IA. L'IA peut vous aider à automatiser certaines tâches fastidieuses, comme la rédaction de contenu ou la gestion de sites web, afin que vous puissiez vous concentrer sur les aspects les plus importants de votre entreprise en ligne.
4. Développez votre entreprise en ligne et générez des revenus de manière efficace. Une fois que vous avez mis en place votre entreprise en ligne et que vous avez automatisé certaines tâches grâce à l'IA, vous pouvez vous concentrer sur le développement de votre entreprise et sur la génération de

revenus de manière efficace. Cela peut inclure la promotion de votre entreprise sur les médias sociaux, l'optimisation de votre site web pour les moteurs de recherche, ou la création de produits et de services de qualité pour vos clients.
5. Diversifiez vos sources de revenus pour minimiser les risques. Pour assurer une source de revenus stable à long terme, il est important de diversifier vos sources de revenus. Investissez dans plusieurs actifs numériques différents ou créez plusieurs entreprises en ligne différentes qui ciblent des niches différentes ou qui proposent des produits ou des services différents. Cela vous aidera à minimiser les risques en répartissant votre investissement sur plusieurs sources de revenus différentes.
6. Gérez votre entreprise en ligne de manière efficace. Pour que votre entreprise en ligne soit un succès, vous devrez la gérer de manière efficace. Cela peut inclure la gestion de votre temps et de vos ressources, la résolution de problèmes et la prise de décisions stratégiques pour le développement de votre entreprise. Utilisez des outils de gestion de projet et de productivité pour vous aider à rester organisé et à atteindre vos objectifs.

Devenir rentier digital est un nouveau défi pour nombre d'entre nous. Il est important de faire des recherches et de comprendre les implications avant de se lancer dans son entreprise en ligne, mais une fois que vous avez toutes les informations nécessaires, vous pouvez vous lancer en toute confiance dans cette aventure passionnante.

Devenir rentier digital est sans aucun doute une excellente opportunité pour vous de créer votre propre chemin et de réaliser vos rêves sans avoir à vous soucier de quelconques risques. Il n'y a pas de limit à ce que vous pouvez créer, pas de compte à rendre à un patron, un capital de départ très faible.

COMMENT BIEN UTILISER L'IA POUR VOTRE RENTE DIGITALE

L'utilisation de chatGPT est gratuite. ChatGPT est une version modifiée de GPT-3 (Generative Pre-trained Transformer 3), un modèle de traitement du langage conçu par OpenAI. ChatGPT est spécialement conçu pour générer du texte de manière autonome, en imitant le style de conversation humaine.

Pour utiliser ChatGPT, vous pouvez utiliser l'interface en ligne fournie par OpenAI, ou utiliser l'API de ChatGPT via une application de votre choix. L'API reste réservée à une utilisation plus avancée que nous n'abordons pas ici.

Voici comment utiliser ChatGPT en ligne :

1. Inscrivez-vous sur le site de OpenAI et obtenez une clé d'API.
2. Rendez-vous sur la page de ChatGPT et saisissez votre clé d'API.
3. Saisissez une phrase ou une question pour démarrer la conversation, et ChatGPT générera une réponse automatiquement.
4. Vous pouvez continuer la conversation en répondant aux réponses de ChatGPT, qui essaiera de poursuivre la conversation de manière naturelle.

5. Vous pouvez également ajuster les paramètres de ChatGPT en utilisant les options de la page (par exemple, vous pouvez choisir le niveau de confiance de ChatGPT, ou spécifier un modèle de langage précis).

Voici un exemple de conversation avec ChatGPT :

Utilisateur : Bonjour, comment vas-tu ?

ChatGPT : Salut ! Ça va bien, et toi ?

Utilisateur : Ça va bien, merci. Que fais-tu de beau aujourd'hui ?

ChatGPT : Rien de spécial, juste en train de discuter avec toi ! Et toi, qu'est-ce que tu fais de beau aujourd'hui ?

L'utilisation est très intuitive et le temps d'apprentissage est très court. Voici quelques règles essentielles pour obtenir de bons résultats :

- Utiliser un langage clair et simple dans vos invites pour que le chatbot puisse comprendre et répondre de manière efficace.
- Utiliser des questions ouvertes pour encourager la conversation et l'engagement avec le chatbot. Ces types de questions permettent un large éventail de réponses possibles, plutôt qu'une simple réponse "oui" ou "non".
- Utiliser des options à choix multiples pour guider la conversation et obtenir des informations spécifiques de la part du chatbot. Ces invites permettent de donner une liste de réponses prédéterminées parmi lesquelles le chatbot peut choisir.
- Éviter les questions ambiguës ou imprécises qui pourraient mener à des réponses erronées ou peu utiles de la part du chatbot. Assurez-vous de formuler vos questions de manière claire et précise.
- Utiliser des mots-clés pertinents et précis dans vos invites

pour aider le chatbot à comprendre le contexte et à fournir une réponse appropriée.

Dans ce livre nous vous donnons de nombreux exemples pour utiliser chatGPT pas à pas. Voici quelques exemples supplémentaires utiles pour un rentier digital :

- Peux-tu traduire et résumer ce texte : "xxxxxxxxxxxxxxxxxx"
- Pouvez-vous me donner des idées d'articles de blog sur la désinscription des e-mails ?
- Donne moi des références de livre sur les mécanismes de persuasion
- Créez un post d'inspiration standard de PDG sur LinkedIn.
- Créez 5 messages et boutons d'appel à l'action distincts pour un ecom de machines à popcorn
- Ecrit un poème sur le temps qui passe
- Ré-écrit une chanson à succès
- Propose moi 5 textes d'annonce Facebook pour vendre des chaussures de marche pour femme enceinte
- Synthétise ce texte en seulement 5 parties
- Creer une formule excel pour trouver dans une colonne les cellules qui contiennent des majuscules
- Quel itinéraire peux tu conseiller à quelqu'un qui souhaite visiter la silicon valey
- Creer un texte de rap sur le thème de vive les rentiers digitaux
- comment oter 7% de 134,5
- Je veux retrouver les origines du mot "maison".
- Peux-tu me donner des idées sur comment soigner mes rosiers
- …

Parfois l'IA ne répond pas exactement avec l'intention que l'on souhaite. Il est alors possible de l'orienter en lui fournissant plus de détails.

> **PE** ecrit un post linkedin de bonne année

> Voici un exemple de post LinkedIn de bonne année :
>
> "Bonne année à tous ! J'espère que vous avez passé de joyeuses fêtes et que vous êtes prêts à affronter les défis de cette nouvelle année.
>
> Je suis impatient de découvrir ce que cette année nous réserve et de travailler avec vous tous pour atteindre nos objectifs professionnels. Que cette année soit remplie de réussite, de croissance personnelle et de nouvelles opportunités pour chacun d'entre nous.
>
> Je vous souhaite une année exceptionnelle !
>
> Bonne année !"

Si l'on souhaitait un ton plus "corporate", on peut le préciser :

> **PE** utilise un ton plus formel

> Voici un exemple de post LinkedIn de bonne année dans un ton plus formel:
>
> "Cher(e)s collègues,
>
> Je tiens à vous souhaiter une très bonne année. J'espère que vous avez passé de belles fêtes et que vous êtes prêts à entamer cette nouvelle année avec enthousiasme et détermination.
>
> Je suis persuadé que cette année sera riche en opportunités et en défis, et j'ai hâte de travailler avec vous pour atteindre nos objectifs professionnels. Que cette année soit remplie de réussite et de satisfaction personnelle pour chacun d'entre nous.
>
> Je vous souhaite une année exceptionnelle et j'ai hâte de continuer à travailler avec vous tous.
>
> Meilleurs vœux pour cette nouvelle année,
>
> [Votre nom]"

Précautions à prendre avec l'IA

Chaque fois que vous demandez à l'IA des faits ou des sources, pensez bien à vérifier. Il arrive que l'IA rapporte de fausses informations. De plus, en fonction de l'IA que vous utilisez, les informations ne sont pas toujours actualisées.

GPT-3 ou GPT-4 (également connu sous le nom de GPT-Chat) est un modèle de traitement du langage naturel développé par OpenAI. Il est capable de générer du texte à partir d'un prompt (un texte de départ) en utilisant l'apprentissage automatique. GPT est un modèle de grande envergure, avec 175 milliards de paramètres, ce qui en fait l'un des modèles de traitement du langage naturel les plus performants actuellement disponibles.

Cependant, comme tous les modèles de traitement du langage naturel, chatGPT a également des limites et peut faire des erreurs. Voici quelques exemples de limites de l'ia GPT-3 :

- GPT-3 est entraîné sur un grand corpus de textes, mais il ne possède pas de connaissances encyclopédiques de base. Par conséquent, il peut ne pas être capable de répondre correctement à certaines questions sur des sujets précis s'il n'a pas été exposé à ces sujets dans son entraînement.
- GPT-3 n'a pas de conscience de soi et n'a pas de personnalité propre. Il ne peut pas réfléchir de manière autonome et n'a pas de libre arbitre. Il ne peut que générer du texte à partir du prompt qui lui est donné.
- GPT-3 peut être sujet à des biais et à des erreurs de sens. Comme il est entraîné sur un corpus de textes qui reflète les biais et les préjugés de la société, il peut reproduire ces biais et préjugés dans le texte qu'il génère.
- GPT-3 peut être sujet à des erreurs de grammaire et de syntaxe, surtout si le prompt qui lui est donné est incohérent ou difficile à comprendre.

En résumé, les IA sont basées sur des modèles de traitement

du langage naturel très performants, mais elles ont des limites et peuvent faire des erreurs. Ils ne peuvent pas remplacer l'intelligence humaine et ne doivent pas être utilisés comme tels. Ils doivent être utilisés avec prudence et avec le bon contexte.

Si vous utilisez une autre intelligence artificielle que GPT3, pensez bien à lui demander quelles sont ses possibilités et ses limites pour bien comprendre de quelle manière vous pouvez l'utiliser.

Gérer efficacement son temps et son énergie pour devenir rentier digital

Gérer son temps et son énergie efficacement est essentiel pour réussir à mettre en place une entreprise en ligne réussie. En effet, lorsque l'on travaille seul et à distance, il est facile de se laisser déborder par les tâches et de perdre de vue ses objectifs. C'est pourquoi il est important de suivre quelques conseils pour mieux gérer son temps et son énergie.Nous allons vous donner des astuces pour optimiser votre productivité et éviter le burnout.

Identifier ses objectifs et ses priorités consiste à déterminer ce que vous voulez atteindre à court et à long terme, ainsi que les étapes nécessaires pour y parvenir. Cela vous permet de vous orienter et de vous concentrer sur ce qui est vraiment important pour votre entreprise.

Pour identifier vos objectifs et vos priorités :

1. Prenez le temps de réfléchir à ce que vous voulez accomplir dans votre vie professionnelle et personnelle. Quels sont vos rêves et vos ambitions à long terme ?
2. Établissez une liste de vos objectifs à court et à long terme et assignez-leur une date de réalisation.
3. Identifiez les tâches qui vous aideront à atteindre ces objectifs et hiérarchisez-les en fonction de leur importance.
4. Fixez-vous des objectifs réalisables et mesurables, afin de pouvoir savoir si vous progressez ou non.

En identifiant vos objectifs et vos priorités, vous êtes en mesure de mieux gérer votre temps et votre énergie, car vous savez ce que vous voulez accomplir et comment y parvenir. Vous pouvez ainsi vous concentrer sur les tâches qui sont vraiment importantes pour votre entreprise, plutôt que de perdre du temps et de l'énergie sur des choses qui ne vous rapprochent pas de vos objectifs.

Prévoyez un planning ou un macro-planning

Même un macro planning, c'est-à-dire un planning à long terme qui ne prévoit pas de tâches précises pour chaque jour, est mieux que pas de planning du tout. En effet, avoir une vue d'ensemble de vos objectifs et de vos tâches à accomplir sur une période plus longue vous permet de mieux vous orienter et de vous concentrer sur ce qui est important. Cela vous permet également de mieux gérer votre temps et votre énergie, car vous savez ce que vous voulez accomplir et comment y parvenir.

Établir un planning consiste à utiliser un outil de gestion du temps pour organiser votre journée et votre semaine de travail. Il s'agit d'un moyen efficace de mieux gérer votre temps et de vous assurer que vous accomplissez les tâches qui sont importantes pour votre entreprise.

Il existe plusieurs outils de gestion du temps que vous pouvez utiliser, tels qu'un calendrier, une liste de tâches ou un logiciel de gestion de projet. Chacun de ces outils a ses propres avantages et inconvénients, il est donc important de choisir celui qui convient le mieux à vos besoins et à votre style de travail.

Voici comment utiliser un outil de gestion du temps pour établir un planning :

1. Identifiez les tâches que vous devez accomplir dans votre journée ou votre semaine de travail.
2. Attribuez une date et une heure à chaque tâche et notez-les dans votre outil de gestion du temps.
3. Prenez en compte les imprévus et les éventuelles urgences qui pourraient survenir et prévoyez du temps pour les gérer.
4. Respectez votre planning et essayez de ne pas vous laisser déborder par les tâches qui ne sont pas prévues.

En établissant un planning, vous êtes en mesure de mieux gérer votre temps et votre énergie, car vous savez ce que vous devez faire et quand vous devez le faire. Vous pouvez ainsi vous concentrer sur les tâches qui sont importantes pour votre entreprise, plutôt que de perdre du temps et de l'énergie sur des choses qui ne vous rapprochent pas de vos objectifs.

Pour éviter le burnout, il est essentiel de prévoir des pauses et des moments de relaxation. Il est donc important de prendre du temps pour se reposer et se déconnecter, par exemple en faisant une pause pendant votre journée de travail, en pratiquant une activité physique ou de relaxation, ou en passant du temps avec vos proches. Respectez vos limites et de dire non aux demandes qui ne sont pas en lien avec vos objectifs ou qui vous demandent trop de temps ou d'énergie.

En prenant le temps de vous reposer et de vous déconnecter, vous êtes en mesure de mieux gérer votre temps et votre énergie, et vous évitez le burnout qui peut nuire à votre productivité et à votre bien-être.

Trouver un équilibre entre votre vie professionnelle et votre vie personnelle est important pour éviter de vous épuiser et de vous mettre en danger de développer un burnout. Cela peut être difficile lorsque vous travaillez seul et à distance, mais il existe plusieurs façons de trouver un équilibre entre votre vie professionnelle et votre vie personnelle :

- Définissez des heures de travail claires et respectez-les. Cela vous permet de vous concentrer sur votre travail pendant ces heures-là et de prendre le temps de vous reposer et de vous détendre en dehors de ces heures.
- Faites une pause pendant votre journée de travail pour vous reposer, faire de l'exercice ou passer du temps avec vos proches.
- Prenez des congés régulièrement pour vous reposer et vous

ressourcer.
- N'hésitez pas à demander de l'aide à vos proches ou à des professionnels si vous avez du mal à trouver un équilibre entre votre vie professionnelle et votre vie personnelle.

En trouvant un équilibre entre votre vie professionnelle et votre vie personnelle, vous êtes en mesure de mieux gérer votre temps et votre énergie, et vous évitez le burnout. Devenir rentier digital est une entreprise de long terme, un marathon par un sprint.

Ne restez pas seul

Demander de l'aide peut être très utile lorsque vous essayez de mettre en place une entreprise en ligne réussie. En effet, il est souvent difficile de tout faire seul et de se concentrer sur toutes les tâches nécessaires pour réussir. C'est pourquoi il peut être utile de demander de l'aide à des freelances ou à des professionnels qui ont l'expérience et les compétences nécessaires pour vous aider à atteindre vos objectifs.

Il est important de noter que, si vous demandez de l'aide à vos proches ou à vos amis, ils peuvent ne pas être les mieux placés pour vous aider. En effet, ils risquent de ne pas comprendre ce que vous voulez faire ou de vous décourager dans vos projets. C'est pourquoi il peut être préférable de demander de l'aide à des pros ou à des communautés de freelance qui ont l'expérience et les compétences nécessaires pour vous aider à réussir.

En demandant de l'aide, vous pouvez bénéficier de l'expertise et de l'expérience de personnes qui ont déjà réussi à mettre en place une entreprise en ligne. Cela vous permet de mieux gérer votre temps et votre énergie, et de vous concentrer sur ce que vous faites le mieux. Vous pouvez ainsi avancer plus rapidement vers vos objectifs et réussir à mettre en place une entreprise en ligne réussie.

Cela vous permettra de profiter de notre veille permanente et de rester au courant des dernières tendances et opportunités dans le domaine de l'IA. Ne manquez pas cette occasion de vous créer une rente digitale en restant à jour !

Scannez ce QR-Code et rejoignez notre communauté, restez informé des dernières avancées pour devenir rentier digital.

https://digit-mentor.com/rentier-digital/

PHILIPPE EVEILLEAU

Nous allons maintenant étudier 7 projets pour devenir rentier digital. Vous pouvez bien sûr vous lancer dans les 7 projets, ou explorer plus en profondeur un de ces projets.

Cependant de notre point de vue, ce qui fonctionne le mieux c'est d'explorer en profondeur un projet, plutôt que de picorer.

Une de mes erreurs, lorsque j'ai commencé à vouloir rentier digital a été de souffrir du syndrome de l'objet brillant : je passais sans cesse d'un sujet à l'autre sans prendre la peine d'approfondir ou d'avoir des résultats à la hauteur des mes espérances.

Cela a commencé à changer à partir du moment où j'ai choisi de me focaliser sur un sujet à fond avant d'explorer un nouveau territoire.

Creuser un trou de 100 mètres plutôt que 100 trous de un mètre est ce qui a tout changé pour moi.

Alors n'hésitez pas à explorer, mais une fois votre tour d'horizon fait, choisissez un domaine et creusez le en profondeur avec de passer au suivant !

CRÉER DES LANDING PAGES

Les landing pages sont des pages de destination qui ont pour objectif de convertir les visiteurs d'un site internet en leads ou en clients. Elles sont souvent utilisées dans le cadre de campagnes de publicité en ligne pour inciter les utilisateurs à effectuer une action (par exemple, remplir un formulaire ou acheter un produit).

Les landing pages sont importantes car elles permettent de cibler spécifiquement les utilisateurs qui ont cliqué sur une annonce et de les inciter à effectuer une action. Elles sont donc un élément clé pour augmenter les conversions sur votre site et développer votre entreprise.

Le marché des landing pages est également très juteux. Selon une étude, les entreprises qui utilisent des landing pages ont un taux de conversion moyen de 12,2%, contre 2,9 % pour celles qui n'en utilisent pas. Cela montre à quel point les landing pages peuvent être efficaces pour augmenter les conversions et développer votre entreprise.

En utilisant l'IA pour créer des landing pages de qualité professionnelle, vous pouvez profiter de ce marché juteux et développer votre rente digitale. Nous allons maintenant vous montrer comment utiliser l'IA pour créer des landing pages réussies, même si vous n'avez pas compétences en marketing.

Processus de création de landing page

Voici comment vous pouvez utiliser l'IA (plus précisément, l'outil GPT-3) pour créer des landing pages de qualité professionnelle :

1. Tout d'abord, vous devez définir votre objectif pour votre landing page. Que voulez-vous que les utilisateurs fassent lorsqu'ils atterrissent sur votre page ? Souhaitez-vous qu'ils remplissent un formulaire, achètent un produit, ou effectuent une autre action ? Définir votre objectif vous permettra de créer une landing page qui est optimisée pour la conversion.
2. Ensuite, vous devez définir votre audience cible. Qui sont les utilisateurs qui vont atterrir sur votre landing page ? Quels sont leurs besoins, leurs intérêts, et leurs motivations ? Connaître votre audience cible vous permettra de créer du contenu qui parle à vos visiteurs et qui les incite à effectuer l'action que vous souhaitez.
3. Une fois que vous avez défini votre objectif et votre audience cible, vous pouvez utiliser GPT-3 pour générer du contenu pour votre landing page. Vous pouvez utiliser des prompts (des phrases ou des questions qui orientent l'algorithme dans une direction particulière) pour lui demander de générer du contenu qui répond à vos besoins.
4. Après avoir généré du contenu avec GPT-3, vous pouvez le relire et le réviser pour vous assurer qu'il est clair, concis, et facile à comprendre. Vous pouvez également ajouter des images et des éléments de design pour rendre votre landing page plus attrayante et pour inciter les utilisateurs à effectuer l'action que vous souhaitez.
5. Une fois que votre landing page est prête, vous pouvez la mettre en ligne et la promouvoir auprès de votre audience cible. Vous pouvez utiliser des annonces en ligne, du

marketing de contenu, ou d'autres stratégies pour inciter les utilisateurs à atterrir sur votre page et à effectuer l'action que vous souhaitez.

En suivant ce processus, vous pouvez utiliser l'IA pour créer des landing pages de qualité professionnelle qui sont optimisées pour la conversion et qui sont personnalisées en fonction de votre audience cible.

Exemple de prompts à utiliser pour construire vos Landing Pages

Voici trois exemples de prompts que vous pouvez utiliser pour chaque partie de votre landing page :

Introduction :

- "Ecrivez une introduction accrocheuse pour une landing page qui vise à inciter les utilisateurs à acheter un produit"
- "Rédigez une phrase d'accroche pour une landing page qui vise à inciter les utilisateurs à remplir un formulaire de contact"
- "Ecrivez une phrase d'ouverture pour une landing page qui vise à inciter les utilisateurs à s'abonner à une newsletter"

Corps de la page :

- "Rédigez un paragraphe qui présente les avantages de votre produit pour une landing page de vente"
- "Ecrivez un paragraphe qui explique pourquoi les utilisateurs devraient remplir un formulaire de contact sur une landing page de génération de leads"
- "Rédigez un paragraphe qui explique les bénéfices d'un abonnement à une newsletter pour une landing page d'abonnement"

Conclusion :

- "Ecrivez une conclusion qui incite les utilisateurs à acheter votre produit sur une landing page de vente"
- "Rédigez une phrase de conclusion qui incite les utilisateurs à remplir un formulaire de contact sur une landing page de génération de leads"
- "Ecrivez une conclusion qui incite les utilisateurs à s'abonner à votre newsletter sur une landing page d'abonnement"

En utilisant ces prompts et en les adaptant à votre objectif et à votre audience cible, vous pouvez utiliser GPT-3 pour générer du contenu de qualité pour chaque partie de votre landing page. N'oubliez pas de relire et de réviser le contenu généré par l'algorithme pour vous assurer qu'il est clair, concis, et facile à comprendre. Vous pouvez également ajouter des images et des éléments de design pour rendre votre landing page plus attrayante et pour inciter les utilisateurs à effectuer l'action que vous souhaitez.

En utilisant l'IA pour créer des landing pages de qualité professionnelle, vous pouvez augmenter les conversions sur votre site et développer votre entreprise de manière plus efficace. N'hésitez pas à expérimenter avec différents prompts et à tester différentes versions de votre landing page pour trouver celle qui fonctionne le mieux pour votre audience cible.

Guider l'IA

Pour guider l'IA dans la création de contenu pour votre landing page, vous pouvez utiliser des structures marketing éprouvées comme AIDA (Attention, Intérêt, Désir, Action) ou PAS (Problème, Avantages, Solution). Ces structures vous permettent de structurer votre contenu de manière à inciter les utilisateurs à effectuer l'action que vous souhaitez.

Voici comment utiliser ces structures avec l'IA :

AIDA :

- Attention : Pour attirer l'attention des utilisateurs, vous pouvez utiliser des prompts qui leur posent une question ou qui leur présentent une statistique intéressante. Par exemple : "Ecrivez une phrase d'accroche qui interpelle les utilisateurs sur une landing page de vente" ou "Rédigez un paragraphe qui présente une statistique surprenante sur votre produit pour une landing page de vente".
- Intérêt : Pour susciter l'intérêt des utilisateurs, vous pouvez utiliser des prompts qui mettent en avant les avantages de votre produit ou service. Par exemple : "Ecrivez un paragraphe qui explique les bénéfices de votre produit pour une landing page de vente" ou "Rédigez un paragraphe qui présente les avantages de votre service pour une landing page de génération de leads".
- Désir : Pour créer le désir chez les utilisateurs, vous pouvez utiliser des prompts qui mettent en avant les émotions ou les besoins de votre audience cible. Par exemple : "Ecrivez un paragraphe qui explique comment votre produit peut aider les utilisateurs à atteindre leurs objectifs pour une landing page de vente" ou "Rédigez un paragraphe qui met en avant les émotions que votre service peut susciter chez les utilisateurs pour une landing page de génération de leads".
- Action : Pour inciter les utilisateurs à passer à l'action,

vous pouvez utiliser des prompts qui leur présentent une offre ou une incitation. Par exemple : "Ecrivez une phrase de conclusion qui incite les utilisateurs à acheter votre produit sur une landing page de vente" ou "Rédigez une phrase de conclusion qui incite les utilisateurs à remplir un formulaire de contact sur une landing page de génération de leads".

PAS :

- Problème : Pour présenter le problème que votre produit ou service résout, vous pouvez utiliser des prompts qui mettent en avant les frustrations ou les difficultés de votre audience cible. Par exemple : "Ecrivez un paragraphe qui explique les problèmes auxquels sont confrontés les utilisateurs dans leur domaine d'activité pour une landing page de vente" ou "Rédigez un paragraphe qui présente les difficultés que les utilisateurs rencontrent lorsqu'ils cherchent une solution pour un problème particulier pour une landing page de génération de leads".
- Avantages : Pour mettre en avant les avantages de votre produit ou service, vous pouvez utiliser des prompts qui présentent les bénéfices que votre solution apporte. Par exemple : "Ecrivez un paragraphe qui explique comment votre produit peut résoudre les problèmes des utilisateurs pour une landing page de vente" ou "Rédigez un paragraphe qui présente les avantages de votre service par rapport aux solutions alternatives pour une landing page de génération de leads".
- Solution : Pour présenter votre solution, vous pouvez utiliser des prompts qui décrivent votre produit ou service de manière claire et concise. Par exemple : "Ecrivez un paragraphe qui présente les caractéristiques de votre produit pour une landing page de vente" ou "Rédigez un paragraphe qui explique comment votre service peut aider les utilisateurs à résoudre leurs problèmes pour une landing

page de génération de leads".

En utilisant ces structures et en les adaptant à votre objectif et à votre audience cible, vous pouvez guider l'IA dans la création de contenu de qualité pour votre landing page. N'oubliez pas de relire et de réviser le contenu généré par l'algorithme pour vous assurer qu'il est clair, concis, et facile à comprendre. Vous pouvez également ajouter des images et des éléments de design pour rendre votre landing page plus attrayante et pour inciter les utilisateurs à effectuer l'action que vous souhaitez.

Se faire guider par l'IA

Un des avantages majeur de l'IA est qu'elle peut vous aider à comprendre les concepts de marketing même si vous n'en avez pas une connaissance approfondie.

En demandant à l'IA de vous expliquer des concepts ou de vous donner des exemples, vous pouvez facilement acquérir de nouvelles connaissances et compétences en marketing sans avoir à consacrer beaucoup de temps ou d'argent à la formation.

chatGPT peut vous fournir des explications claires et concises sur les différents aspects du marketing, ainsi que des exemples pratiques pour illustrer ces concepts. Cela peut vous aider à mieux comprendre comment le marketing peut être utilisé pour atteindre les objectifs de votre entreprise et comment mettre en œuvre des stratégies de marketing efficaces.

Par exemple, vous pouvez utiliser ce prompt :

- donne moi des exemple de structures marketing pour des landing pages de vente

Voici quelques exemples de structures que vous pourriez utiliser pour votre contenu :

1. Structure en V : commencez par une introduction qui présente le sujet et précise pourquoi il est important. Ensuite, présentez les avantages de votre produit ou service et comment il peut résoudre les problèmes de votre audience. Enfin, terminez par une conclusion qui rappelle les avantages de votre produit et comment il peut aider votre audience à atteindre ses objectifs.
2. Structure en AIDA : commencez par une introduction qui suscite l'intérêt de votre audience. Ensuite, présentez les avantages de votre produit ou service et comment il peut résoudre les problèmes de votre audience. Faites également

une démonstration de votre produit pour prouver sa valeur. Enfin, terminez par une incitation à l'action qui invite votre audience à acheter votre produit ou service.
3. Structure à trois étapes : commencez par une introduction qui présente le sujet et précise pourquoi il est important. Ensuite, présentez les étapes nécessaires pour atteindre les objectifs de votre audience en utilisant votre produit ou service. Enfin, terminez par une conclusion qui rappelle les étapes et comment votre produit ou service peut aider votre audience à atteindre ses objectifs.

Il est important de se rappeler que chaque structure doit être adaptée à votre public cible et à votre objectif de vente. Vous devriez également inclure des exemples concrets et des témoignages de clients pour renforcer l'efficacité de votre contenu.

EMAIL MARKETING

L'email marketing consiste à envoyer des emails à des clients ou des prospects pour promouvoir des produits ou services, fidéliser des clients ou développer une relation avec eux. Cette technique de marketing est très utile pour les entreprises car elle leur permet de communiquer directement avec leurs cibles et de leur proposer des offres personnalisées.

L'email marketing est particulièrement apprécié des entreprises car il est peu coûteux, facile à mettre en œuvre et permet d'obtenir des résultats rapidement. De plus, il permet de mesurer précisément l'impact de la campagne grâce aux outils de suivi et d'analyse qui sont généralement proposés par les plateformes d'envoi d'emails.

Malgré l'apparition de nouvelles technologies de communication, l'email reste un canal de communication très utilisé et efficace. Selon une étude réalisée par Statista en 2020, le nombre d'emails envoyés et reçus dans le monde a atteint un volume de 347,3 milliards par jour, ce qui montre l'importance de l'email dans les échanges commerciaux et professionnels.

L'email marketing est une technique de marketing très efficace pour les entreprises car elle leur permet de communiquer directement avec leurs cibles, de proposer des offres personnalisées et de mesurer l'impact de leurs campagnes. Malgré l'apparition de nouvelles technologies de communication, l'email reste un canal de communication très utilisé et important pour les entreprises.

L'email marketing peut vous aider à devenir rentier digital de différentes manières. Tout d'abord, cette technique de marketing peut vous aider à générer des revenus grâce à la vente de produits ou services. En envoyant des emails à votre liste de clients ou de prospects, vous pouvez leur présenter vos offres et les inciter à acheter vos produits ou services. Si vous parvenez à convertir une partie de votre liste en clients, vous pourrez ainsi générer des revenus réguliers.

De plus, l'email marketing peut également vous aider à développer votre notoriété et votre crédibilité auprès de votre audience. En envoyant régulièrement des emails de qualité et pertinents à votre liste, vous pouvez établir une relation de confiance avec vos clients et prospects et vous positionner comme un expert dans votre domaine. Cela peut vous aider à développer votre chiffre d'affaires et à augmenter vos revenus à long terme.

Enfin, l'email marketing peut vous aider à automatiser certaines tâches et à déléguer certaines missions, ce qui vous permettra de vous consacrer à d'autres aspects de votre activité et de développer votre entreprise de manière plus efficace. Grâce aux outils de marketing automation proposés par les plateformes d'envoi d'emails, vous pouvez par exemple automatiser l'envoi de séquences d'emails ou de messages de bienvenue à vos nouveaux abonnés, ce qui vous permettra de gagner du temps et de vous concentrer sur d'autres aspects de votre activité.

En résumé, l'email marketing assisté par IA peut vous aider à devenir rentier digital en vous permettant de générer des revenus grâce à la vente de produits ou services, en développant votre notoriété et votre crédibilité auprès de votre audience et en vous aidant à automatiser certaines tâches et à déléguer certaines missions.

L'utilisation de ChatGPT dans le marketing par email présente de nombreux avantages. En utilisant ChatGPT pour générer du contenu de manière automatique, vous pouvez économiser du temps et des efforts en rédaction de vos emails, ce qui vous permettra de vous concentrer sur d'autres aspects de votre entreprise.

De plus, en utilisant ChatGPT pour personnaliser le contenu de vos emails, vous pouvez améliorer l'efficacité de vos campagnes en atteignant une audience plus qualifiée et en incitant les destinataires à acheter. En somme, l'utilisation de ChatGPT dans le marketing par email peut être très rentable pour votre entreprise.
oici comment ChatGPT pourrait être utilisé pour aider à créer des campagnes d'email marketing :

- Génération de sujets d'email : ChatGPT pourrait être utilisé pour générer des sujets d'email captivants qui susciteront l'intérêt de votre audience. Vous pourriez fournir à ChatGPT des informations sur votre entreprise et sur votre public cible, et il pourrait vous proposer différentes options de sujets d'email.
- Rédaction de contenu d'email : ChatGPT pourrait également être utilisé pour rédiger le contenu de vos emails de manière automatique. Vous pourriez lui fournir des informations sur votre produit ou service, et il pourrait générer du contenu qui met en avant les avantages de votre offre et incite les destinataires à acheter.
- Personnalisation du contenu : ChatGPT pourrait également être utilisé pour personnaliser le contenu de vos emails en fonction des intérêts et du comportement de chaque destinataire. Vous pourriez lui fournir des informations sur chaque destinataire, et il pourrait générer du contenu qui parle directement à cette personne et répond à ses besoins spécifiques.

Comment Utiliser ChatGPT dans vos campagnes d'email marketing

1. Préparez vos données d'entrée : avant de pouvoir utiliser ChatGPT pour générer du contenu pour vos emails, vous devez préparer les données d'entrée que vous allez lui fournir. Cela peut inclure des informations sur votre entreprise, votre produit ou service, votre public cible, et tout autre élément que vous souhaitez inclure dans vos emails.
2. Connectez-vous à ChatGPT : une fois que vous avez préparé vos données d'entrée, vous devez vous connecter à ChatGPT. Vous pouvez le faire en utilisant une API ou en utilisant un outil de génération de texte en ligne qui utilise ChatGPT en arrière-plan.
3. Demandez à ChatGPT de générer du contenu : une fois que vous êtes connecté à ChatGPT, vous pouvez lui demander de générer du contenu pour vos emails. Vous pouvez lui fournir vos données d'entrée et lui demander de générer un sujet d'email, un corps de texte, ou tout autre élément que vous souhaitez inclure dans vos emails.
4. Révisez et modifiez le contenu généré : une fois que ChatGPT a généré du contenu pour vos emails, vous devez le réviser et le modifier si nécessaire. Assurez-vous que le contenu est cohérent et qu'il met en avant les avantages de votre produit ou service de manière claire et convaincante.
5. Envoyez vos emails : une fois que vous avez finalisé le contenu de vos emails, vous pouvez utiliser un logiciel d'emailing pour les envoyer à votre liste de diffusion. N'oubliez pas de suivre les règles de délivrabilité et de respecter les lois sur la protection de la vie privée de votre pays.

En utilisant ces étapes, vous pouvez utiliser ChatGPT pour générer du contenu pour vos campagnes d'email marketing de manière efficace et rentable. N'oubliez pas de suivre les bonnes pratiques de marketing par email pour maximiser l'efficacité de vos campagnes et atteindre vos objectifs de vente.

Exemple de prompts à utiliser pour vos emails marketing assistés par IA

Voici trois exemples de prompts que vous pourriez utiliser pour générer du contenu pour vos emails marketing avec ChatGPT :

1. Génération de sujets d'email : "Génère un sujet d'email qui incitera les destinataires à ouvrir l'email et à en lire le contenu. Notre entreprise propose des produits de soins de la peau naturels pour les hommes et les femmes de tous âges. Notre public cible est constitué de personnes soucieuses de leur santé et de l'environnement."
2. Rédaction du corps de l'email : "Génère un corps de texte pour un email de vente qui met en avant les avantages de notre nouveau produit de soins de la peau, un sérum à base de plantes biologiques. Notre sérum est formulé pour nourrir, hydrater et régénérer la peau en profondeur. Il est adapté à tous les types de peau et convient aux personnes soucieuses de leur santé et de l'environnement."
3. Personnalisation du contenu : "Génère un email de bienvenue pour un nouveau client qui vient de s'inscrire à notre newsletter. Notre entreprise propose des produits de soins de la peau naturels pour les hommes et les femmes de tous âges. Notre public cible est constitué de personnes soucieuses de leur santé et de l'environnement. Veuillez inclure des informations sur notre gamme de produits et sur les avantages de notre marque."

Ces prompts fournissent à ChatGPT des informations sur votre entreprise, votre produit ou service, et votre public cible, ce qui lui permet de générer du contenu adapté à votre audience et à vos objectifs de marketing.

Vous pouvez utiliser ces prompts comme base pour créer vos propres prompts personnalisés en fonction de vos besoins spécifiques. N'oubliez pas de réviser et de modifier le contenu généré par ChatGPT avant de l'utiliser dans vos emails marketing.

Voyons un exemple de résultat de prompt :

 ecrit un court email de ré-engagement pour une newsletter qui parle de trucs pour démarrer un business en ligne. Utilise un ton amical

 Bonjour,

Je suis heureux de vous retrouver pour un nouvel email de notre newsletter sur les trucs pour démarrer un business en ligne. Je sais que vous êtes occupé, mais j'espère que vous avez un peu de temps pour lire ce qui suit.

Nous avons récemment publié plusieurs articles intéressants sur des sujets tels que la création de votre propre site Web, la recherche de clients en ligne et la gestion de votre temps de manière efficace. Si vous êtes intéressé par ces sujets et que vous cherchez à démarrer votre propre entreprise en ligne, je vous encourage vivement à jeter un coup d'œil à notre contenu.

En tant que lecteur fidèle de notre newsletter, je tiens à vous remercier pour votre soutien et votre intérêt pour nos articles. Nous espérons que vous trouverez de la valeur dans ce que nous partageons et que vous continuerez à suivre notre contenu à l'avenir.

Avec mes meilleures salutations,
[Nom]

Se faire guider par l'IA

L'IA nous rappele qu'il y a plusieurs éléments importants à prendre en compte lors de la création d'un email marketing :

1. Sujet de l'email : le sujet de votre email doit être accrocheur et susciter l'intérêt de votre audience. Il doit également refléter le contenu de votre email et inciter les destinataires à ouvrir et à lire votre message.
2. Contenu de l'email : le contenu de votre email doit être clair, concis et adapté à votre audience. Il doit mettre en avant les avantages de votre produit ou service et inciter les destinataires à agir (par exemple, en achetant votre produit ou en visitant votre site web).
3. Appel à l'action : votre email doit inclure un appel à l'action clair qui indique aux destinataires quoi faire (par exemple, "achetez maintenant", "inscrivez-vous pour recevoir notre newsletter", etc.). L'appel à l'action doit être facilement visible et accessible.
4. Personnalisation : le contenu de votre email doit être personnalisé en fonction des intérêts et du comportement de chaque destinataire. Cela peut améliorer l'efficacité de votre email en rendant le message plus pertinent et en incitant les destinataires à agir
5. Design et mise en page : la mise en page de votre email doit être attractive et facile à lire. Elle doit être adaptée à la taille de l'écran de chaque destinataire et optimisée pour le mobile. Utilisez des images et des vidéos pour illustrer votre message et rendre votre email plus engageant.
6. Test A/B : effectuez des tests A/B pour comparer différentes versions de votre email et déterminer celle qui fonctionne le mieux. Vous pouvez tester différents éléments, tels que le sujet de l'email, le contenu du message, l'appel à l'action, etc.
7. Analyse et suivi : suivez les résultats de vos emails et analysez les données pour améliorer vos campagnes à

l'avenir. Utilisez des outils d'analyse pour suivre les taux d'ouverture, de clic et de conversion de vos emails et pour obtenir des insights sur votre audience.

En prenant en compte ces éléments, vous pouvez créer des emails marketing efficaces qui atteignent vos objectifs de vente et de communication. N'oubliez pas de respecter les lois sur la protection de la vie privée de votre pays et de suivre les bonnes pratiques de marketing par email pour maximiser l'efficacité de vos campagnes.

Là encore ces éléments peuvent nous servir pour guider à notre tour l'IA.

Créer des emails pour son ecommerce

Dans cet exemple, nous allons utiliser l'IA pour préparer des modèles d'emails pour notre ecommerce. Nous imaginons que nous ne sommes pas un spécialiste du sujet, mais avons juste des connaissances de base. Dans la gestion d'un ecom les séquences d'email sont primordiales pour créer et entretenir une relation client/fournisseur fructueuse.

Première étape nous allons demander : "dans un ecommerce quels sont les modèles d'email important à préparer"
Il y a plusieurs types d'emails importants à préparer dans le cadre d'un e-commerce :

1. Emails de bienvenue : ce sont les premiers emails que vous envoyez à vos nouveaux clients. Ils doivent être chaleureux et personnalisés pour donner une bonne première impression et inciter les clients à rester abonnés à votre newsletter.
2. Emails de confirmation de commande : ils permettent de confirmer à vos clients que leur commande a bien été enregistrée et est en cours de traitement. Ils doivent inclure les détails de la commande, comme le prix et les produits commandés.
3. Emails de suivi de commande : ces emails permettent de tenir vos clients informés du statut de leur commande. Ils doivent inclure des informations sur le traitement et la livraison de la commande.
4. Emails de fidélisation : ils visent à inciter vos clients à acheter de nouveau auprès de votre entreprise en leur proposant des offres spéciales, des codes de réduction ou des cadeaux.
5. Emails de réengagement : ces emails sont destinés aux abonnés qui ne sont plus actifs sur votre site ou qui ont cessé de lire vos emails. Ils doivent être conçus pour inciter

ces abonnés à réactiver leur abonnement ou à reprendre leur activité sur votre site.

Il est important de préparer ces différents types d'emails afin de maintenir une bonne relation avec vos clients et de les inciter à acheter de nouveau auprès de votre entreprise.

Ensuite, nous utilisons l'IA pour nous préparer tous nos modèles de mail. Comme par exemple : "écrit un modèle d'email de bienvenue"

Voici un modèle d'email de bienvenue que vous pouvez utiliser pour accueillir de nouveaux clients :

Objet : Bienvenue dans notre boutique en ligne !

Bonjour [Nom],

Nous sommes ravis de vous accueillir dans notre boutique en ligne ! Nous espérons que vous trouverez tout ce dont vous avez besoin pour vos achats en ligne.

Pour vous remercier de votre inscription, nous vous offrons un code de réduction de 10 % sur votre prochaine commande. Utilisez le code BIENVENUE lors de votre prochain achat pour en bénéficier.

Nous sommes impatients de vous aider à trouver ce que vous cherchez. Si vous avez des questions ou des commentaires, n'hésitez pas à nous contacter. Nous sommes à votre disposition pour vous aider à trouver ce qu'il vous faut.

En espérant vous revoir bientôt sur notre site,

[Nom de l'entreprise]

N'ayant rien précisé, l'IA nous donne un modèle certes adapté, mais insipide. Nous pouvons préciser nos désidératas : "*le meme mais avec des smileys*"

Voici un modèle d'email de bienvenue avec des smileys que vous pouvez utiliser pour accueillir de nouveaux clients :

Objet : ☐ Bienvenue dans notre boutique en ligne ! ☐

Bonjour [Nom],

Nous sommes ravis de vous accueillir dans notre boutique en ligne ! ☐☐ Nous espérons que vous trouverez tout ce dont vous avez besoin pour vos achats en ligne.

Pour vous remercier de votre inscription, nous vous offrons un code de réduction de 10 % sur votre prochaine commande. Utilisez le code BIENVENUE lors de votre prochain achat pour en bénéficier. ☐☐

Nous sommes impatients de vous aider à trouver ce que vous cherchez. Si vous avez des questions ou des commentaires, n'hésitez pas à nous contacter. Nous sommes à votre disposition pour vous aider à trouver ce qu'il vous faut. ☐☐

En espérant vous revoir bientôt sur notre site,

[Nom de l'entreprise] ☐☐

Imaginons maintenant que nous décidions de passer du vouvoiement au tutoiement : *"même chose mais en tutoyant"*

Voici un modèle d'email de bienvenue en tutoiement que vous pouvez utiliser pour accueillir de nouveaux clients :

Objet : ☐☐ Bienvenue dans notre boutique en ligne ! ☐☐

Salut [Prénom],

On est super heureux de t'accueillir dans notre boutique en ligne ! ☐☐ On espère que tu vas trouver tout ce dont tu as besoin pour tes achats en ligne.

Pour te remercier de ton inscription, on te propose un code de réduction de 10 % sur ta prochaine commande. Utilise le code BIENVENUE lors de ton prochain achat pour en bénéficier. 󠀠

On a hâte de t'aider à trouver ce que tu cherches. Si tu as des questions ou des commentaires, n'hésite pas à nous contacter. On est là pour t'aider à trouver ce qu'il te faut. 󠀠

En espérant te revoir bientôt sur notre site,

[Nom de l'entreprise] ✶

Puis, si l'on souhaite rajouter des informations : *"ajoute le nom de l'entreprise SuperPêche et le site web superpeche.fr"*

Voici un modèle d'email de bienvenue en tutoiement pour l'entreprise SuperPêche :

Objet : 󠀠󠀠 Bienvenue chez SuperPêche ! 󠀠󠀠

Salut [Prénom],

On est super heureux de t'accueillir chez SuperPêche ! 󠀠󠀠 On espère que tu vas trouver tout ce dont tu as besoin pour tes achats de matériel de pêche sur notre site web superpeche.fr.

Pour te remercier de ton inscription, on te propose un code de réduction de 10 % sur ta prochaine commande. Utilise le code BIENVENUE lors de ton prochain achat pour en bénéficier. 󠀠󠀠

On a hâte de t'aider à trouver ce que tu cherches. Si tu as des questions ou des commentaires, n'hésite pas à nous contacter. On est là pour t'aider à trouver ce qu'il te faut. 󠀠󠀠

En espérant te revoir bientôt sur notre site,

L'équipe de SuperPêche 󠀠󠀠

Précisons maintenant le type de boutique : *"c'est un ecommerce d'articles de peche. refait le mail de bienvenue en parlant de peche"*

Voici un modèle d'email de bienvenue en tutoiement pour l'entreprise SuperPèche, en parlant de pêche :

Objet : ☐☐Bienvenue chez SuperPèche, ton magasin de pêche en ligne ! ☐

Salut [Prénom],

On est super heureux de t'accueillir chez SuperPèche, ton magasin de pêche en ligne ! ☐☐ On espère que tu vas trouver tout ce dont tu as besoin pour ta prochaine sortie en mer ou en rivière sur notre site web superpeche.fr.

Pour te remercier de ton inscription, on te propose un code de réduction de 10 % sur ta prochaine commande. Utilise le code BIENVENUE lors de ton prochain achat pour en bénéficier. ☐☐

On a hâte de te donner tous nos conseils et astuces pour une pêche réussie. Si tu as des questions ou des commentaires, n'hésite pas à nous contacter. On est là pour te aider à trouver ce qu'il te faut. ☐

En espérant te revoir bientôt sur notre site,

L'équipe de SuperPèche ☐☐

Si nous souhaitons améliorer la mise en forme de notre email, nous pouvons demander à l'IA de nous aider à le formater en HTML : *"creer un modèle d'email HTML"*

 Voici comment créer un modèle d'email HTML :

1. Ouvrez un éditeur de texte ou un logiciel de développement web, comme Notepad++ ou Sublime Text.
2. Créez un nouveau fichier et enregistrez-le avec l'extension .html.
3. Définissez la structure de base de votre email en utilisant des balises HTML. Voici un exemple de structure de base :

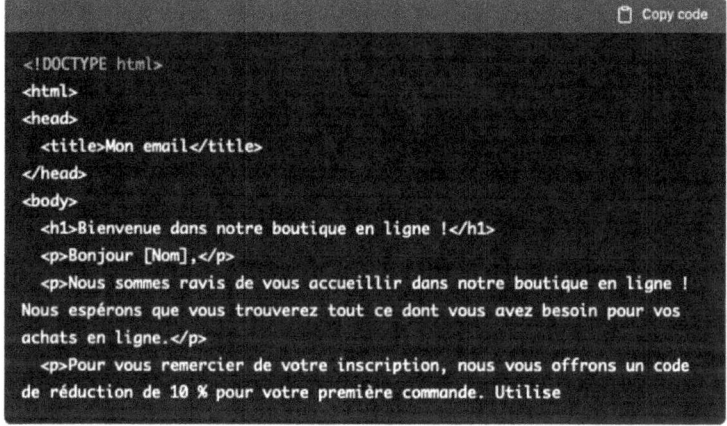

Comme l'IA ne donne pas tout le code, nous lui demandons la suite :

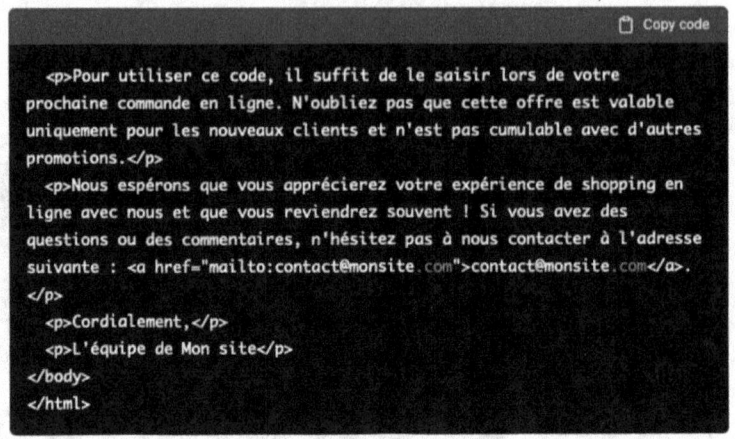

Il est possible d'aller encore plus loin en précisant le type de mise en forme souhaitée : *"créer un modèle d'email Responsive HTML email templates, CSS inlined"*

```html
<!DOCTYPE html>
<html>
<head>
  <title>Mon email responsive</title>
  <style type="text/css">
    /* Mettre votre CSS ici */
  </style>
</head>
<body>
  <header>
    <h1>Mon entreprise</h1>
  </header>
  <main>
    <h2>Bienvenue dans notre boutique en ligne !</h2>
    <p>Bonjour [Nom],</p>
    <p>Nous sommes ravis de vous accueillir dans notre boutique en ligne ! Nous espérons que vous trouverez tout ce dont vous avez besoin pour vos achats en ligne.</p>
  </main>
  <footer>
    <p>Merci de votre confiance,</p>
```

```
<p>L'équipe de Mon entreprise</p>
</footer>
</body>
</html>
```

CSS à utiliser :

```
@media only screen and (max-width: 600px) {
  body {
    width: 100% !important;
  }
  .container {
    width: 100%
```

En mode rentier digital, vous pourriez très bien préparer des modèles et les vendre sur différentes marketplace telles que Gumroad, envato,… Il est également possible de proposer vos services de création d'emails marketing sur des plateforme de vente de micro-services (fiverr, ComeUp …).Les possibilités sont sans fin…

Génération d'idées

Petite digression. Imaginons que nous n'avons pas encore décidé le nom de notre entreprise. Là aussi nous pouvons nous faire aider...

"donne moi des exemple de nom de boutique en ligne qui vends des articles de peches pour les jeunes"

Voici quelques exemples de noms de boutiques en ligne qui pourraient convenir pour une entreprise qui vend des articles de pêche pour les jeunes :

Pêche & Aventure

Pêche Junior

La Pêche des Petits

Pêche & Nature

Pêche & Découverte

Pêche & Plaisir

Pêche & Fun

Pêche & Apprentissage

Pêche & Amitié

Pêche & Famille

Précisons : *"même chose mais avec des mots à consonance anglaise, et des mots-valise"*

Voici quelques exemples de noms de boutiques en ligne qui pourraient convenir pour une entreprise qui vend des articles de pêche pour les jeunes, avec une consonance anglaise et des mots-valises :

FishingAdventure

JuniorFishing

LittleFishers

NatureFishing

DiscoverFishing

FunFishing

LearningFishing

FriendshipFishing

FamilyFishing

YoungFishers

MONÉTISER UNE NEWSLETTER

Développer une newsletter est un excellent moyen de construire et de monétiser une audience. Avec ChatGPT, vous pouvez planifier et rédiger une newsletter beaucoup plus rapidement pour développer une liste d'e-mails et la monétiser via des sponsors, la vente de vos produits et ou services, des offres d'affiliation...

Il existe plusieurs manières de monétiser une newsletter :

- La publicité : vous pouvez inclure de la publicité dans votre newsletter et percevoir une rémunération en fonction du nombre de clics ou d'impressions générés par ces publicités. Vous pouvez utiliser des plateformes d'affiliation ou travailler directement avec des annonceurs pour trouver des campagnes publicitaires à inclure dans votre newsletter.
- Les abonnements payants : vous pouvez proposer une version premium de votre newsletter, accessible uniquement aux abonnés qui paient un abonnement. Cette option peut être intéressante si vous proposez du contenu exclusif ou de haute qualité qui justifie un prix d'abonnement.
- Les dons : vous pouvez demander à vos lecteurs de faire un don pour soutenir votre projet et votre travail. Vous pouvez utiliser des plateformes de financement participatif ou mettre en place un système de dons directement sur votre site.
- Les produits dérivés : vous pouvez mettre en vente des produits dérivés de votre newsletter, tels que des t-

shirts, des mugs ou des livres. Cela peut être une manière de monétiser votre projet tout en créant de la visibilité pour votre newsletter.

Monétiser une newsletter peut prendre du temps et nécessiter un travail important. Il faut donc être patient et persévérant, et être prêt à essayer différentes approches pour trouver celle qui convient le mieux à votre projet.

Voici comment un business plan pour devenir rentier digital en utilisant une newsletter hebdomadaire pourrait être structuré :

1. Préalable : Décrivez votre projet de newsletter et expliquez pourquoi vous souhaitez le lancer. Faites également une brève présentation de votre équipe.
2. Description de votre projet : Décrivez votre newsletter en détail, en présentant le thème et les sujets que vous souhaitez couvrir, ainsi que votre public cible. Faites également une analyse de votre marché et de vos concurrents.
3. Objectifs et stratégies : Définissez vos objectifs à court et à long terme, et présentez les stratégies que vous comptez mettre en place pour atteindre ces objectifs. Expliquez comment votre newsletter s'inscrit dans cette stratégie.
4. Plan de marketing : Décrivez comment vous comptez promouvoir votre newsletter. Faites un plan de marketing détaillé, en indiquant les moyens que vous comptez utiliser (réseaux sociaux, publicité en ligne, partenariats, etc.) et en précisant votre budget marketing.
5. Plan financier : Faites un plan financier détaillé, en indiquant vos sources de revenus, vos coûts et vos prévisions de trésorerie. Faites également une estimation de votre rentabilité à court et à long terme.
6. Équipe : Présentez votre équipe et expliquez comment chacun contribuera à la réussite de votre projet.
7. Annexes : Ajoutez tous les documents pertinents à votre business plan, tels que des études de marché, des études de

faisabilité, etc.

Exemple de prompts à utiliser

Je vous recommande de choisir un thème qui vous passionne et qui est en lien avec vos centres d'intérêt, afin de pouvoir créer une newsletter hebdomadaire qui vous permette de partager votre passion et vos connaissances avec vos lecteurs de manière authentique et engageante.

Mais sii vous n'avez pas déjà choisi votre thématique, vous pouvez demander à l'IA de vous aider à trouver des sujets : *"donne moi dix exemple de thèmes sur lesquels je peux proposer des newsletter hebdomadaires"*

Voici dix exemples de thèmes que vous pourriez aborder dans votre newsletter hebdomadaire :

Actualités et nouvelles technologies : Si vous êtes passionné par les nouvelles technologies et l'actualité, vous pourriez créer une newsletter hebdomadaire qui couvre les dernières innovations et les événements les plus importants dans ce domaine.

Art et culture : Si vous êtes intéressé par l'art et la culture, vous pourriez créer une newsletter hebdomadaire qui présente les expositions, les spectacles et les événements culturels à ne pas manquer.

Cuisine et alimentation : Si vous êtes passionné par la cuisine et l'alimentation, vous pourriez créer une newsletter hebdomadaire qui propose des recettes, des astuces culinaires et des conseils pour une alimentation saine et équilibrée.

Voyages et découvertes : Si vous avez l'esprit aventurier, vous pourriez créer une newsletter hebdomadaire qui partage vos expériences de voyage et vos découvertes de destinations lointaines ou proches de chez vous.

Bien-être et santé : Si vous êtes passionné par le bien-être et la santé, vous pourriez créer une newsletter hebdomadaire qui propose des conseils et des astuces pour améliorer votre bien-être physique et mental.

Mode et beauté : Si vous êtes passionné par la mode et la beauté, vous pourriez créer une newsletter hebdomadaire qui partage les dernières tendances, les produits à essayer et les conseils de professionnels.

Développement personnel et carrière : Si vous êtes intéressé par le développement personnel et la réussite professionnelle, vous pourriez créer une newsletter hebdomadaire qui propose des conseils et des astuces pour atteindre vos objectifs et réussir dans votre carrière.

Parentalité et éducation : Si vous êtes parent ou si vous êtes intéressé par l'éducation des enfants, vous pourriez créer une newsletter hebdomadaire qui partage des conseils et des astuces pour élever et éduquer les enfants de manière épanouissante.

Jardinage et bricolage : Si vous êtes passionné par le jardinage et le bricolage, vous pourriez créer une newsletter hebdomadaire qui propose des conseils et des astuces pour entretenir votre jardin et réaliser vos projets de bricolage de manière efficace.

Actualités politiques et sociales : Si vous êtes passionné par la politique et les questions sociales, vous pourriez créer une newsletter hebdomadaire qui couvre les événements politiques et sociaux les plus importants et qui donne votre point de vue sur ces sujets.

Sport et fitness : Si vous êtes passionné par le sport et la forme physique, vous pourriez créer une newsletter hebdomadaire qui propose des conseils et des astuces pour maintenir une bonne condition physique et pratiquer votre sport favori de manière optimale.

Science et technologie : Si vous êtes passionné par la science et la technologie, vous pourriez créer une newsletter hebdomadaire qui couvre les dernières découvertes et innovations dans ces domaines et qui explique de manière accessible ces sujets complexes.

Développement durable et environnement : Si vous êtes passionné par le développement durable et la protection de l'environnement, vous pourriez créer une newsletter hebdomadaire qui présente les initiatives et les projets qui contribuent à la préservation de notre planète et qui donne des conseils pour réduire notre impact sur l'environnement.

Musique et divertissement : Si vous êtes passionné par la musique et les loisirs, vous pourriez créer une newsletter hebdomadaire qui partage les dernières sorties et les événements à ne pas manquer dans le domaine de la musique et du divertissement.

Une fois que vous avez choisi votre thématique, vous pouvez commencer par identifier une liste de sujets de newsletter à couvrir : *"donne moi 10 exemples de sujets de newsletter hebdomadaire sur le sujet du Développement durable et environnement"*

Voici dix exemples de sujets de newsletter hebdomadaire sur le thème du développement durable et de l'environnement :

Les avantages de l'agriculture biologique pour l'environnement et la santé

Les initiatives pour réduire notre consommation d'énergie et de ressources naturelles

Les actions à mettre en place pour lutter contre le réchauffement climatique

Les alternatives écologiques aux produits de consommation courante

Les initiatives pour protéger et préserver la biodiversité

Les moyens de réduire notre impact sur l'environnement en voyageant

Les avantages de la consommation de produits locaux et de saison

Les initiatives pour lutter contre la pollution de l'air et de l'eau

Les avantages de l'adoption de modes de vie plus durables et respectueux de l'environnement

Les projets innovants et inspirants qui contribuent au développement durable et à la protection de l'environnement

Je vous recommande de varier les sujets de votre newsletter hebdomadaire et de couvrir à la fois des sujets d'actualité et des sujets de fond, afin de proposer un contenu varié et intéressant à vos lecteurs. N'hésitez pas à me poser des questions si vous avez besoin de plus d'idées de sujets pour votre newsletter sur le thème du développement durable et de l'environnement.

Une fois que vous avez choisi votre sujet, vous pouvez demander à l'IA de vous rédiger une newsletter : "Rédige une newsletter sur le sujet suivant : Les initiatives pour protéger et préserver la biodiversité. Utilise un ton amical et engagé."

Chère lectrice, cher lecteur,

Je suis heureuse de vous accueillir dans cette nouvelle édition de notre newsletter hebdomadaire, consacrée cette semaine à la biodiversité et aux initiatives pour protéger et préserver cette richesse unique de notre planète.

La biodiversité, c'est l'ensemble des êtres vivants qui peuplent notre monde et qui sont interdépendants les uns des autres. Elle joue un rôle essentiel dans la régulation des écosystèmes et dans notre bien-être à tous. Malheureusement, la biodiversité est aujourd'hui menacée par l'activité humaine, qui a un impact négatif sur l'environnement et qui met en danger de nombreuses espèces animales et végétales.

Heureusement, il existe de nombreuses initiatives pour protéger et préserver la biodiversité. Je vous propose de découvrir ci-dessous quelques exemples de ces initiatives :

- Les réserves naturelles : il s'agit de zones protégées, souvent gérées par des associations ou des organismes publics, qui permettent de préserver la biodiversité d'une région en limitant l'impact humain. Certaines réserves naturelles sont même ouvertes au public, ce qui permet de découvrir la faune et la flore locales de manière responsable.
- Les programmes de conservation des espèces menacées : de nombreuses associations et organisations s'engagent dans la protection des espèces animales et végétales menacées, en mettant en place des programmes de reproduction et de réintroduction dans la nature. Cela permet de sauver des espèces en danger d'extinction et de les remettre en circulation dans l'écosystème.
- Les projets de reforestation : la déforestation, c'est-à-dire la suppression de la forêt, a un impact négatif sur la biodiversité et sur le climat. Il existe des projets de reforestation, qui visent à replanter des arbres et à reconstituer des forêts, afin de préserver la biodiversité et de lutter contre le réchauffement climatique.
- Les initiatives citoyennes : chacun d'entre nous peut contribuer à la protection de la biodiversité en adoptant

des gestes simples au quotidien. Par exemple, nous pouvons trier nos déchets, économiser l'eau et l'énergie, utiliser des produits écologiques, etc. Tous ces petits gestes ont un impact positif sur l'environnement et sur la biodiversité.

Il existe donc de nombreuses initiatives pour protéger et préserver la biodiversité, que ce soit au niveau local ou mondial. Je vous encourage vivement à vous impliquer dans ces initiatives et à contribuer à la préservation de notre planète et de ses richesses naturelles.

Voici quelques idées pour vous y encourager :

- Rejoignez une association de protection de la nature et de l'environnement, et participez à leurs actions.
- Apprenez à connaître la biodiversité de votre région et à respecter l'environnement.
- Faites des dons à des projets de protection de la biodiversité, pour aider à financer leurs actions.
- Faites connaître ces initiatives autour de vous et sensibilisez votre entourage à la nécessité de protéger la biodiversité.

J'espère que cette newsletter vous a donné envie de vous impliquer dans la protection de la biodiversité et de contribuer à la préservation de notre planète. N'hésitez pas à me faire part de vos réactions et de vos idées dans les commentaires.

Je vous remercie pour votre attention et vous donne rendez-vous la semaine prochaine pour une nouvelle édition de notre newsletter hebdomadaire.

Amicalement,

[Nom de l'auteur]

Evidemment, si vous restez vague le résultat sera insipide. Il vous faudra guider l'IA pour arriver à un résultat satisfaisant. Par exemple vous pourriez enrichir votre newsletter avec des citations : "trouve moi 10 citations sur le thème de la protection et de la préservation de la biodiversité :"

1. "La biodiversité est la diversité des êtres vivants sur la Terre, leur vie et leurs interactions. Elle est une source de nourriture et de médicaments pour l'humanité, mais aussi un moyen de maintenir l'équilibre des écosystèmes." - Ban Ki-moon
2. "Nous sommes tous des maillons d'une chaîne, et nous sommes tous responsables de cette chaîne, de l'environnement et de l'avenir de notre planète." - Kofi Annan
3. "La nature est notre mère, et nous sommes ses enfants. Nous devons prendre soin d'elle et la protéger, pour nous et pour les générations futures." - Albert Schweitzer
4. "Nous devons prendre soin de la nature, non seulement pour nous-mêmes, mais aussi pour les animaux et les plantes qui partagent notre planète." - David Attenborough
5. "La biodiversité est notre bien le plus précieux. Elle nous donne de l'air à respirer, de l'eau à boire, de la nourriture à manger, et elle nous protège contre les maladies." - Jane Goodall
6. "La biodiversité est la vie elle-même. Elle est le moteur de l'évolution et le fondement de notre bien-être." - E.O. Wilson
7. "La biodiversité est un trésor inestimable pour l'humanité. Nous devons la protéger et la préserver pour les générations futures." - Dalai Lama
8. "La biodiversité est notre patrimoine commun. Elle est une source de nourriture, de médicaments et de matériaux, et elle joue un rôle essentiel dans l'équilibre des écosystèmes." - Margot Wallström
9. "La biodiversité est un bien public mondial, qui appartient à tous et qui doit être protégé pour le bien de tous." - Kofi Annan

10. "La biodiversité est la diversité de la vie sur Terre. Elle est notre richesse la plus précieuse, et nous devons la préserver pour les générations futures." - Richard Leakey

Vous pourrez bien sûr créer une landing page avec l'IA pour encourager les gens à s'inscrire sur votre newsletter. Vous pourrez également assurer votre présence en ligne avec l'aide de l'IA sur des réseaux sociaux pour inviter les gens à s'inscrire à votre newsletter.

SCRIPTS DE VIDÉO

Écrire des scénarios ou des scripts de vidéo peut être très lucratif et vous aider à concrétiser votre projet de rentier digital.

Avec ChatGPT, vous pouvez créer des scripts vidéo pour TikTok ou YouTube afin de les vendre ou de les utiliser pour vos propres besoins. L'IA va vous aider à créer des scripts en produisant des scripts et également en vous prodiguant des conseils d'écriture.

Un bon script vidéo capte l'attention et délivre un message clair à ses spectateurs. Pour écrire un bon script de vidéo qui capte l'attention et délivre un message clair à ses spectateurs, veillez à respecter les points suivants :

1. Définissez votre objectif et votre public cible : avant de commencer à écrire votre script, il est important de savoir ce que vous voulez accomplir avec votre vidéo et à qui vous vous adressez. Quel est votre message principal ? Quelle action voulez-vous que les spectateurs entreprennent ? Quels sont les intérêts et les besoins de votre public cible ? Prenez le temps de répondre à ces questions avant de débuter l'écriture de votre script.
2. Créez un plan détaillé : avant de commencer à écrire votre script, établissez un plan détaillé qui vous permettra de structurer votre contenu et de vous assurer que vous avez couvert tous les points importants. Votre plan peut inclure des sous-parties pour chaque section de votre vidéo, ainsi que des notes sur ce que vous voulez montrer ou dire à chaque étape.
3. Commencez par une introduction accrocheuse : votre

introduction est cruciale pour captiver l'attention de vos spectateurs et les inciter à continuer à regarder. Essayez d'utiliser une phrase d'accroche qui soit percutante et qui donne envie de savoir ce qui va suivre.
4. Structurez votre contenu de manière logique : une fois que vous avez capté l'attention de vos spectateurs, il est important de les maintenir intéressés en proposant un contenu structuré de manière logique. Utilisez des transitions pour passer d'une idée à l'autre de manière fluide et en utilisant des titres et des sous-titres pour aider à la compréhension.
5. Faites des pauses et variez le rythme : pour éviter de perdre l'attention de vos spectateurs, il est important de varier le rythme de votre vidéo en faisant des pauses et en utilisant des effets visuels et sonores pour marquer les changements de sujets.
6. Utilisez un ton adapté à votre public : le ton de votre vidéo doit être adapté à votre public cible et à l'objectif de votre vidéo. Si vous voulez donner des conseils techniques, utilisez un ton sérieux et professionnel. Si vous voulez divertir votre public, optez pour un ton plus léger et plus amusant.
7. Concluez de manière percutante : votre conclusion est tout aussi importante que votre introduction, car c'est elle qui restera en mémoire de vos spectateurs. Faites en sorte de conclure votre vidéo de manière percutante, en résumant les points clés de votre message et en invitant vos spectateurs à agir (en s'abonnant à votre chaîne, en partageant votre vidéo, en laissant un commentaire, etc.). N'oubliez pas de remercier vos spectateurs pour leur attention et de leur donner envie de regarder vos prochaines vidéos.

En résumé, pour écrire un bon script de vidéo qui capte l'attention et délivre un message clair à ses spectateurs, il est important de :

- Définir votre objectif et votre public cible
- Créer un plan détaillé

- Commencer par une introduction accrocheuse
- Structurer votre contenu de manière logique
- Faire des pauses et varier le rythme
- Utiliser un ton adapté à votre public
- Conclure de manière percutante

Il n'existe pas de structure de script unique pour les vidéos virales, car chaque vidéo est différente et peut être virale pour des raisons différentes. Cependant, voici quelques éléments qui peuvent aider à créer une vidéo virale :

1. Une idée originale et surprenante : une vidéo virale doit être capable de susciter l'intérêt et l'étonnement de ses spectateurs. Pour cela, elle doit proposer une idée originale et inattendue qui se démarque des autres contenus sur le web.
2. Un contenu émotionnel : les vidéos qui touchent les émotions de leurs spectateurs ont plus de chances de devenir virales. Essayez de susciter des émotions positives (joie, rire, espoir) ou des émotions plus intenses (colère, tristesse, crainte) pour captiver votre public.
3. Une mise en scène soignée : pour que votre vidéo soit regardable et partageable, elle doit être bien réalisée et soignée. Faites attention à la qualité de l'image et du son, et utilisez des effets visuels et sonores pour mettre en valeur votre contenu.
4. Un titre et une description accrocheurs : votre titre et votre description doivent donner envie aux spectateurs de cliquer sur votre vidéo et de la regarder jusqu'au bout. Soyez percutant et utilisez des mots-clés qui aideront votre vidéo à se classer dans les résultats de recherche.

Pour créer une vidéo virale, il faut proposer une idée originale et surprenante, jouer sur les émotions de ses spectateurs, mettre en scène son contenu de manière soignée et utiliser un titre et une description accrocheurs. Bien sûr, il y a beaucoup de facteurs qui peuvent influencer la viralité d'une vidéo, et il n'y a pas de recette miracle pour la créer.

Pour créer un script de vidéo pour TikTok ou Youtube, il est important de choisir le type de vidéo qui correspond le mieux à votre objectif et à votre public cible, et de structurer votre contenu de manière cohérente et logique. N'hésitez pas à utiliser des effets visuels et sonores pour mettre en valeur votre contenu et susciter l'intérêt de vos spectateurs.

Voici quelques exemples de structures de scripts pour des vidéos courtes :

1. La vidéo challenge : pour ce type de vidéo, le script consiste à présenter un défi à ses spectateurs et à leur montrer comment le relever. Vous pouvez utiliser des effets visuels et sonores pour mettre en valeur le défi et inviter les spectateurs à le reproduire.
2. La vidéo tutorial : pour ce type de vidéo, le script consiste à présenter un tutoriel ou une démonstration de comment faire quelque chose. Utilisez une structure logique et claire pour expliquer chaque étape de la démarche, et n'hésitez pas à utiliser des sous-titres ou des encadrés pour mettre en valeur les points clés.
3. La vidéo de divertissement : pour ce type de vidéo, le script consiste à divertir ses spectateurs en proposant un contenu amusant ou surprenant. Vous pouvez utiliser des effets visuels et sonores pour mettre en valeur votre contenu et susciter l'émotion de vos spectateurs.
4. La vidéo de promotion : pour ce type de vidéo, le script consiste à présenter un produit ou un service et à inciter les spectateurs à l'acheter. Utilisez un ton professionnel et mettez en avant les avantages de votre produit pour convaincre vos spectateurs de l'acheter.
5. La vidéo de storytelling : pour ce type de vidéo, le script consiste à raconter une histoire de manière captivante

et immersive. Utilisez une structure narrative classique (introduction, conflit, dénouement) pour captiver l'attention de vos spectateurs et leur faire vivre une expérience unique.

Vous pouvez encore une fois approfondir un domaine particulier. Par exemple si l'on opte pour une vidéo de type storytelling, on peut demander à l'IA plus d'informations sur ces types de scripts : *"donne moi une liste de structures de videos de storytelling"*

1. L'arc narratif classique : cette structure consiste à raconter une histoire en suivant l'arc narratif traditionnel, qui comprend une introduction, un conflit, un dénouement et une moralité. Cette structure est souvent utilisée pour les contes et les histoires pour enfants, mais elle peut également être adaptée à des vidéos plus adultes.
2. Le récit en trois actes : cette structure consiste à diviser l'histoire en trois actes (début, milieu, fin) qui correspondent chacun à une étape du récit. Cette structure est souvent utilisée pour les films et les romans, et peut être adaptée aux vidéos en utilisant des titres et des sous-titres pour marquer les changements de scène.
3. Le récit chronologique : dans ce cas, l'histoire est racontée de manière chronologique, c'est-à-dire en suivant l'ordre des événements. Cette structure peut être utilisée pour raconter une histoire linéaire et simple, ou pour mettre en valeur l'importance de chaque étape du récit.
4. Le récit non-chronologique : dans ce cas, l'histoire est racontée de manière non-chronologique, c'est-à-dire en sautant d'une étape à l'autre sans respecter l'ordre des événements. Cette structure peut être utilisée pour créer du suspense ou pour mettre en avant certaines parties de l'histoire.
5. Le récit à la première personne : dans ce cas, l'histoire est racontée du point de vue d'un personnage qui parle à la première personne. Cette structure peut être utilisée

pour créer de l'immersion et pour donner une dimension personnelle à l'histoire.

Imaginons que nous souhaitions nous orienter vers une vidéo de storytelling basée sur un arc narratif classique : *"Détaille la structure de vidéo arc narratif classique"*

L'arc narratif classique est une structure de vidéo qui consiste à raconter une histoire en suivant l'arc narratif traditionnel, qui comprend une introduction, un conflit, un dénouement et une moralité. Cette structure est souvent utilisée pour les contes et les histoires pour enfants, mais elle peut également être adaptée à des vidéos plus adultes. Voici en détail chaque étape de cette structure :

- Introduction : cette étape permet de présenter les personnages et de donner un aperçu de l'univers dans lequel se déroule l'histoire. Vous pouvez utiliser des titres et des sous-titres pour marquer le début de l'histoire et donner envie aux spectateurs de continuer à regarder.
- Conflit : cette étape met en place le problème ou le conflit central de l'histoire. Il s'agit de l'obstacle que les personnages doivent surmonter pour atteindre leur objectif. Vous pouvez utiliser des effets visuels et sonores pour mettre en valeur le conflit et inciter les spectateurs à s'impliquer dans l'histoire.
- Dénouement : cette étape marque la résolution du conflit et le dénouement de l'histoire. Vous pouvez utiliser des titres et des sous-titres pour marquer la fin de l'histoire et donner une conclusion à votre récit.
- Morale : cette étape permet de donner une leçon ou une moralité à l'histoire. Il s'agit de la leçon que les spectateurs peuvent tirer de l'histoire et qui les invite à réfléchir sur un sujet plus large. Vous pouvez utiliser un ton plus grave ou plus contemplatif pour marquer l'importance de la moralité et inciter les spectateurs à y réfléchir.

Le travail est mâché par l'IA. Nous pouvons aller encore plus loin en lui demandant de nous réaliser les scripts. Certains IA peuvent même réaliser des vidéos comme https://www.synthesia.io ou

Movio.ai

Exemples de scripts

Comme pour les points précédents, et nous n'allons pas y revenir vous devez sélectionner une niche pour votre chaîne voyons maintenant quelques exemples de script réalisés avec chatGPT.

En utilisant les informations précédentes, nous allons déjà choisir un titre parmi une liste de propositions faites par l'IA : *"donne moi 5 idées de scripts de video de storytelling, structure arc narratif classique pour un jeune entrepreneur digital"*

1. L'histoire de votre parcours : racontez votre histoire de jeune entrepreneur et les obstacles que vous avez dû surmonter pour réussir. Mettez en avant votre détermination et votre persévérance pour inspirer vos spectateurs.
2. Le making-of de votre entreprise : présentez les coulisses de votre entreprise et racontez l'histoire de sa création. Faites découvrir à vos spectateurs comment vous avez eu l'idée, comment vous avez réuni les fonds, etc.
3. L'histoire de votre produit : racontez l'histoire de votre produit ou de votre service et mettez en avant son utilité et ses avantages. Faites découvrir à vos spectateurs comment il a été conçu et comment il peut améliorer leur vie.
4. L'histoire de votre marque : présentez votre marque et racontez son histoire. Mettez en avant les valeurs et les missions qui vous tiennent à cœur et expliquez pourquoi votre marque se démarque de la concurrence.
5. L'histoire de votre premier client : racontez l'histoire de votre premier client et mettez en avant les résultats qu'il a obtenus grâce à votre produit ou votre service. Faites découvrir à vos spectateurs comment vous avez transformé la vie de cette personne.

Une fois que j'en ai choisi un : *"ecrit un script de video de storytelling, structure arc narratif classique pour un jeune entrepreneur digital :*

L'histoire de mon parcours"

Voici un exemple de script de vidéo de storytelling pour un jeune entrepreneur digital, basé sur la structure de l'arc narratif classique et centré sur l'histoire de votre parcours :

Introduction :

Bonjour à tous, je m'appelle [nom] et je suis un jeune entrepreneur digital. Aujourd'hui, je vous raconte mon parcours et les obstacles que j'ai dû surmonter pour réussir dans ce domaine.

Conflit :

Tout a commencé il y a [nombre] ans, lorsque j'ai décidé de créer mon propre business en ligne. Je ne savais pas vraiment par où commencer et je me sentais un peu perdu. Mais j'ai décidé de me lancer et de tout donner pour réussir.

Dénouement :

Et je peux vous dire que ça n'a pas été facile. J'ai dû apprendre à maîtriser de nouvelles technologies, à gérer mon temps et à trouver des clients. Mais j'ai persévéré et j'ai réussi à créer mon entreprise de [nom de l'entreprise].

Morale :

Je veux que vous sachiez que tout est possible si vous êtes déterminé et si vous ne lâchez pas. Ne laissez jamais personne vous dire que vous ne pouvez pas réussir et n'abandonnez jamais vos rêves. Vous avez tout ce qu'il faut pour réussir, alors allez-y et donnez le meilleur de vous-même !

Si l'on souhaite étoffer notre script : *"détaille moi l'introduction avec un ton sarcastique"*

Bonjour et bienvenue dans ma petite vie de rêve en tant que jeune entrepreneur digital. Oui, je sais, ça a l'air trop beau pour être vrai.

Mais je vous assure, c'est tout à fait réel.

Et ça n'a absolument rien à voir avec le fait que je passe mes journées enfermé devant mon écran à essayer de vendre des produits en ligne. Non, non, c'est juste un merveilleux métier plein de défis et de possibilités.

Alors, si vous êtes prêts à vous embarquer dans cette aventure avec moi, mettez-vous confortablement et préparez-vous à entendre l'histoire de mon parcours

BLOG DE RENTE

Il est tout à fait possible de créer un blog personnel qui génère des revenus, mais cela n'est généralement pas le principal objectif de ce genre de blog. En revanche, un blog de rente a pour objectif principal de générer des revenus de manière régulière et passive et de vous aider à devenir rentier digital.

Un blog de rente est un type de blog qui est conçu principalement pour générer des revenus de manière régulière et passif. Le contenu de ce genre de blog est généralement axé sur des sujets qui sont populaires et qui ont un potentiel de monétisation élevé, comme les produits d'affiliation, les annonces publicitaires ou vos propres produits (infoproduits, formations, etc…). Le but d'un blog de rente est de générer des revenus de manière passive, c'est-à-dire sans avoir à y consacrer trop de temps ou d'efforts.

Il existe de nombreuses façons de générer des revenus passifs grâce à un blog de rente. Voici les moyens les plus courants :

- Affichage de publicités : vous pouvez afficher des annonces sur votre blog et percevoir une commission sur chaque clic ou chaque impression. Il existe plusieurs réseaux d'annonceurs qui peuvent vous aider à monétiser votre site, comme Google AdSense ou Ezoic.
- Vente de produits d'affiliation : vous pouvez promouvoir des produits d'autres entreprises ou infopreneurs sur votre blog et percevoir une commission sur chaque vente réalisée grâce à votre lien d'affiliation. Il existe de nombreux programmes d'affiliation sur lesquels vous pouvez vous inscrire, tels que Amazon Associates, System IO ou 1TPE.

- Vente de produits propriétaires : vous pouvez créer et vendre vos propres produits sur votre blog, comme des ebooks, des cours en ligne ou des produits physiques. Cela peut être une source de revenus passifs intéressante si vous parvenez à créer des produits de qualité qui répondent aux besoins de votre audience.
- Location de bannières publicitaires : vous pouvez louer de l'espace publicitaire sur votre blog à des annonceurs qui souhaitent promouvoir leurs produits ou services. Cela peut être une source de revenus récurrente si vous parvenez à trouver des annonceurs intéressés par votre audience cible.

Le succès d'un blog de rente dépend de plusieurs facteurs. Voici le spoints les plus importants pour le succès d'un blog de rente :

- Un sujet de blog intéressant et populaire : il est important de choisir un sujet de blog qui intéresse un large public et qui a du potentiel de monétisation. Un blog sur les choux ne créera probablement pas de rente...
- Du contenu de qualité et engageant : pour que votre blog soit réussi, il est important de publier du contenu de qualité qui est engageant et qui répond aux besoins de votre audience.
- Une stratégie de monétisation efficace : il est important de développer une stratégie de monétisation efficace pour votre blog, en utilisant des sources de revenus telles que les annonces, les produits d'affiliation ou les produits propriétaires.
- Un design et une navigation faciles à utiliser : pour que votre blog soit agréable à visiter et facile à utiliser, il est important de veiller à ce que le design et la navigation soient clairs et intuitifs.
- Une optimisation pour les moteurs de recherche : pour que votre blog soit visible sur les moteurs de recherche, il est important de l' optimiser en utilisant les bonnes méthodes de référencement.

Cela peut sembler difficile, surtout si vous êtes débutant et que vous ne savez pas par où commencer.

Côté technique, il existe de nombreuses plateformes de blog sur lesquelles vous pouvez créer votre site, chacune ayant ses propres avantages et inconvénients. Celle qui fonctionnera dans 99% des cas est Wordpress (intuitif, complet, extensible, optimisé référencement).

Le facteur temps joue également énormément. N'oubliez pas qu'il est important de rester patient et de persévérer, car il faut compter généralement environ 3 mois pour que votre blog décolle. Vous devrez donc créer du contenu de qualité de manière régulière. Cela peut être difficile, surtout si vous manquez de temps ou d'inspiration, sauf…

C'est là qu'intervient chatgpt. En utilisant chatgpt, vous pouvez générer du contenu sur un large éventail de sujets de manière automatisée, ce qui vous permet de publier du contenu de qualité de manière régulière sans avoir à y consacrer trop de temps ou d'efforts.

Chatgpt peut également vous aider à trouver des idées de sujets pour votre blog et à optimiser le contenu que vous publiez afin de maximiser les résultats de votre site.

Avant l'arrivée de chatgpt, il était effectivement difficile de produire du contenu de qualité de manière rapide et efficace pour un blog. Vous aviez deux principales options : soit écrire le contenu vous-même, ce qui pouvait prendre du temps et de l'énergie, soit acheter du contenu à des rédacteurs professionnels, ce qui pouvait être coûteux.

Vu les gains de temps et les faibles coûts de génération de blogs, peut-être qu'à l'avenir nous irons vers la construction de blog de niche et leur revente…

Chatgpt vous permet de produire du contenu de qualité pour votre blog de manière rapide et efficace, ce qui peut vous aider à réduire les coûts et à gagner du temps tout en améliorant la qualité de votre contenu.

Comment utiliser chatGPT pour votre blog de rente ?

Je passe sur la partie choix de niche, le processus est le même que pour les autres types de Digital. Je considère donc que vous avez déjà choisi une niche. Imaginons que vous vouliez créer un blog thématique autour des épices. La première étape, va être de recenser les sujets à aborder sur votre blog pour l'organiser en rubriques, thèmes : *"Je veux créer un blog de rente sur les épices, quels thèmes est-ce que je peux aborder"*

- Histoire et origine des épices : vous pouvez partager des informations sur l'histoire et l'origine des différentes épices, ainsi que sur leur utilisation dans les différentes cultures culinaires.
- Bienfaits pour la santé : les épices sont souvent considérées comme ayant de nombreux bienfaits pour la santé, comme des propriétés anti-inflammatoires ou des effets positifs sur la digestion. Vous pouvez partager des informations sur les différents bienfaits des épices pour la santé.
- Recettes à base d'épices : vous pouvez partager des recettes à base d'épices, ainsi que des astuces pour utiliser les épices de manière créative dans vos préparations culinaires.
- Achat et stockage des épices : vous pouvez donner des conseils sur l'achat et le stockage des épices, ainsi que sur la manière de choisir les épices de qualité.
- Épices du monde : vous pouvez présenter les différentes épices utilisées dans les différentes cultures culinaires du monde, ainsi que les plats typiques qui en font usage.

On voit qu'en un rien de temps, on peut partir sur ces cinq grandes catégories.

Je recherche ensuite les programmes d'affiliation disponibles. Pour l'exemple je le fais avec chatGPT mais en réalité j'aurais plus confiance en Google pour ce type de recherches. Voici la requête que j'ai tapé ; *"liste les programmes d'affiliaiton dans le domaine des épices"*

- Amazon Associates : Amazon Associates est le programme d'affiliation d'Amazon, qui vous permet de promouvoir des milliers de produits, y compris des épices, sur votre blog et de percevoir une commission sur chaque vente réalisée grâce à votre lien d'affiliation.
- The Spice House Affiliate Program : The Spice House est une entreprise spécialisée dans la vente d'épices de qualité supérieure. Leur programme d'affiliation vous permet de promouvoir leurs produits sur votre blog et de percevoir une commission sur chaque vente réalisée grâce à votre lien d'affiliation.
- SpiceJungle Affiliate Program : SpiceJungle est une entreprise qui propose une large gamme d'épices, d'herbes et de condiments. Leur programme d'affiliation vous permet de promouvoir leurs produits sur votre blog et de percevoir une commission sur chaque vente réalisée grâce à votre lien d'affiliation.
- Penzeys Spices Affiliate Program : Penzeys Spices est une entreprise qui propose une large gamme d'épices et d'herbes de qualité supérieure. Leur programme d'affiliation vous permet de promouvoir leurs produits sur votre blog et de percevoir une commission sur chaque vente réalisée grâce à votre lien d'affiliation.

Effectivement les deux premiers programmes d'affiliation existent bien. Les deux suivants n'ont pas l'air d'exister. Ce sont bien des boutiques en ligne d'épices, mais il ne semble pas y avoir de programme de partenariat. Pour l'instant l'IA n'est pas vraiment adaptée pour faire recherche et trouver des informations à jour et fiables.

Une fois que je me suis assuré des opportunités de monétisation, je vais demander à l'IA de me générer des idées de sujet de blog. S'agissant d'un blog de rente, je vais m'intéresser ici plutôt à l'affiliation sur les produits. Mais on pourrait aussi imaginer rechercher des infoproduits tels que des formations spécifiques sur les épices ou sur leur culture. On pourrait aussi tout à fait commercialiser les épices dans une boutique en ligne en faisant du dropshipping par exemple. Voici ma demande: *"donne moi des idées de sujet de blog sur les épices du monde"*.

- Les épices les plus populaires dans chaque pays : vous pouvez présenter les épices les plus populaires dans différents pays du monde, ainsi que les plats typiques qui en font usage.
- Les épices les plus exotiques : vous pouvez présenter les épices les plus exotiques du monde, ainsi que leur histoire et leur utilisation dans la cuisine.
- Les épices et la médecine traditionnelle : vous pouvez présenter les épices qui sont utilisées dans la médecine traditionnelle de différents pays et leurs bienfaits pour la santé.
- Les épices et la religion : vous pouvez explorer l'utilisation des épices dans les différentes religions du monde et comment elles sont utilisées dans les rituels et les cérémonies.
- Les épices et l'histoire : vous pouvez présenter l'histoire des épices et comment elles ont été utilisées au fil des siècles dans différentes cultures du monde.

J'affine encore ma demande : *"donne moi 10 idées d'articles de blog sur : les épices les plus populaires dans chaque pays"*

- Les épices les plus populaires en Inde : vous pouvez présenter les épices les plus populaires en Inde, ainsi que les plats typiques qui en font usage.
- Les épices les plus populaires en Italie : vous pouvez présenter les épices les plus populaires en Italie, ainsi que les plats typiques qui en font usage.

- Les épices les plus populaires au Maroc : vous pouvez présenter les épices les plus populaires au Maroc, ainsi que les plats typiques qui en font usage.
- Les épices les plus populaires en Chine : vous pouvez présenter les épices les plus populaires en Chine, ainsi que les plats typiques qui en font usage.
- Les épices les plus populaires en Thaïlande : vous pouvez présenter les épices les plus populaires en Thaïlande, ainsi que les plats typiques qui en font usage.
- Les épices les plus populaires en Turquie : vous pouvez présenter les épices les plus populaires en Turquie, ainsi que les plats typiques qui en font usage.
- Les épices les plus populaires au Mexique : vous pouvez présenter les épices les plus populaires au Mexique, ainsi que les plats typiques qui en font usage.
- Les épices les plus populaires en Indonésie : vous pouvez présenter les épices les plus populaires en Indonésie, ainsi que les plats typiques qui en font usage.
- Les épices les plus populaires en Grèce : vous pouvez présenter les épices les plus populaires en Grèce, ainsi que les plats typiques qui en font usage.
- Les épices les plus populaires en Afrique du Sud : vous pouvez présenter les épices les plus populaires en Afrique du Sud, ainsi que les plats typiques qui en font usage.

Je choisis le premier. Je vais lui demander des idées de titres accrocheurs : *"donner 10 idées de titres (max 60 caractères) accrocheurs sur : Les épices les plus populaires en Inde"*

- "Les épices indiennes : les indispensables de la cuisine indienne"
- "Découvrez les épices indiennes les plus populaires"
- "Les épices indiennes : secrets et bienfaits"
- "Les épices indiennes : la touche finale à vos plats"
- "Voyage culinaire : les épices indiennes"
- "Les épices indiennes : le voyage des saveurs"
- "Les épices indiennes : un voyage gustatif en Inde"
- "Les épices indiennes : les indispensables de la cuisine indienne"
- "Les épices indiennes : la touche finale à vos plats"
- "Les épices indiennes : la clé de la cuisine indienne"

Parfait, je retiens "Voyage culinaire : les épices indiennes". Je vais maintenant demander à l'IA de m'écrire un article de blog. *"écrit un article de blog 700 mots sur Voyage culinaire : les épices indiennes"*

Voyage culinaire : les épices indiennes

L'Inde est une destination de voyage incontournable, et pas seulement pour ses paysages époustouflants et sa riche histoire culturelle. La cuisine indienne est également très appréciée pour sa diversité et ses saveurs uniques, qui sont en grande partie dues aux épices utilisées dans les plats.

Les épices jouent un rôle central dans la cuisine indienne, et sont utilisées depuis des siècles pour donner du goût et de la saveur aux plats. Elles sont également considérées comme ayant de nombreux bienfaits pour la santé, comme des propriétés anti-inflammatoires ou des effets positifs sur la digestion.

Voici quelques-unes des épices les plus populaires en Inde :

Le cumin : le cumin est une épice très utilisée en Inde, et est souvent utilisé pour aromatiser les plats de légumes et les plats à base de viande. Il a également des propriétés digestives et peut être utilisé pour traiter les maux d'estomac.

La coriandre : la coriandre est une épice très populaire en Inde, et est souvent utilisée pour donner de la saveur aux plats de légumes et aux plats à base de viande. Elle est également utilisée dans de nombreuses sauces et marinades.

Le curcuma : le curcuma est une épice très appréciée en Inde, et est souvent utilisée pour donner de la couleur et de la saveur aux plats. Il est également considéré comme ayant de nombreux bienfaits pour la santé, comme des propriétés anti-inflammatoires et antioxydantes.

Le poivre : le poivre est une épice très utilisée en Inde, et est souvent utilisé pour aromatiser les plats de viande et les plats de légumes. Il a également des propriétés digestives et peut être utilisé pour traiter les maux d'estomac.

Le garam masala : le garam masala est un mélange d'épices très populaire en Inde, qui comprend souvent du cumin, de la cardamome, du clou de girofle, du poivre noir et d'autres épices. Il est souvent utilisé pour aromatiser les plats de viande et les plats de légumes, et donne une saveur unique et exotique aux plats.

En plus de ces épices populaires, il existe de nombreuses autres épices qui sont couramment utilisées en Inde, comme le fenugrec, le fenouil, l'anis étoilé et le mélange de cinq épices. Chaque région de l'Inde a ses propres traditions culinaires et utilise différentes combinaisons d'épices pour donner du goût et de la saveur à ses plats.

Si vous êtes passionné de cuisine et que vous souhaitez découvrir de nouvelles saveurs, un voyage culinaire en Inde est une expérience à ne pas manquer. Vous pourrez déguster de nombreux plats traditionnels indiens et découvrir les épices qui leur donnent leur saveur unique et leurs bienfaits pour la santé. N'hésitez pas à explorer les différentes régions de l'Inde et à découvrir les épices et les plats typiques de chaque région. Vous serez émerveillé par la diversité et la richesse de la cuisine indienne !

Ce type d'article pourrait être utilisé tel quel. Si vous souhaitez l'optimiser pour votre référencement vous pouvez préciser : *"optimise cet article pour le SEO pour la requête "surprenantes épices indiennes" et ajoute des titres h1 et h2"*

Voyage culinaire : découvrez les surprenantes épices indiennes

L'Inde est une destination de voyage incontournable, et pas seulement pour ses paysages époustouflants et sa riche histoire culturelle. La cuisine indienne est également très appréciée pour sa diversité et ses saveurs uniques, qui sont en grande partie dues aux épices utilisées dans les plats.

Les épices jouent un rôle central dans la cuisine indienne

Les épices sont utilisées depuis des siècles pour donner du goût et de la saveur aux plats. Elles sont également considérées comme ayant de nombreux bienfaits pour la santé, comme des propriétés anti-inflammatoires ou des effets positifs sur la digestion. Découvrez quelques-unes des épices les plus surprenantes utilisées en Inde :

* Le cumin : le cumin est une épice très utilisée en Inde, et est souvent utilisé pour aromatiser les plats de légumes et les plats à base de viande. Il a également des propriétés digestives et peut être utilisé pour traiter les maux d'estomac.
* La coriandre : la coriandre est une épice très populaire en Inde, et est souvent utilisée pour donner de la saveur aux plats de légumes et aux plats à base de viande. Elle est également utilisée dans de nombreuses sauces et marinades.
* Le curcuma : le curcuma est une épice très appréciée en Inde, et est souvent utilisée pour donner de la couleur et de la saveur aux plats. Il est également considéré comme ayant de nombreux bienfaits pour la santé, comme des propriétés anti-inflammatoires et antioxydantes.
* Le poivre : le

PHILIPPE EVEILLEAU

Texte à copier coller dans votre blog avec la mise en forme !

EBOOK & PDF DE NICHE

Vous pouvez utiliser chatGPT pour écrire des ebooks et des PDF sur des sujets très précis. Ceux-ci peuvent être commercialisés sur des plateformes d'auto-édition telles que Amazon KDP.

Autre possibilité : les PLR. Les ebooks PLR (Private Label Rights) ou DLP (contenu avec droit de revente) sont un type de produit numérique que vous pouvez acheter et ensuite vendre ou utiliser comme votre propre produit. Avec chatGPT vous pouvez créer ces ebooks ou PDF pour ensuite les revendre sur des plateformes de produits digitaux (gumroad, hotmart, systemeIO…).

Voici dix exemples d'ebooks PLR que vous pourriez utiliser pour vous constituer votre rente digitale :

- Le guide complet du marketing des médias sociaux
- Le guide ultime du marketing par courriel
- Le marketing d'affiliation pour les débutants
- Le guide ultime de la perte de poids
- Le guide complet du référencement
- Créer sa propre entreprise en ligne
- Le guide ultime du blogging
- Le guide de l'investissement pour les débutants
- Le guide essentiel de la conception de sites Web
- Le guide ultime de la commercialisation de votre cours en ligne

Lead-Magnets PDF

Vous pouvez aussi créer des lead magnet PDF pour vos clients. Un lead magnet est une offre gratuite qui est proposée aux visiteurs d'un site web en échange de leur adresse e-mail ou d'autres informations de contact. Le but d'un lead magnet est de convertir les visiteurs en leads, c'est-à-dire en prospects qualifiés pour votre entreprise.

L'argent est dans la liste : Il est important de recueillir des emails pour un rentier digital, car les emails permettent de rester en contact avec vos clients et prospects. Cela vous permet de leur envoyer des informations sur vos produits et services, ainsi que sur d'autres sujets qui pourraient les intéresser.

Les emails vous permettent de mettre en place des campagnes de marketing automation, qui sont des séries de emails envoyés automatiquement à vos leads à des moments précis de leur parcours d'achat.

Recueillir des emails est essentiel pour un rentier digital car cela vous permet de communiquer avec vos clients et prospects de manière ciblée et de mesurer l'efficacité de vos campagnes de marketing.

C'est une stratégie toujours efficace, même à l'heure ou il y a une profusion de réseaux sociaux. Votre liste de mails est privée et représente le capital immatériel de votre rente. Autant Facebook, Tiktok, Instagram, Twitter... peuvent du jour au lendemain fermer votre compte et vos abonnés, autant votre liste d'email reste votre propriété. Penser à mettre en place un mécanisme de recueil de lead est primordial pour assurer la pérennité de votre rente, assurer votre sécurité et avoir plusieurs moyens de toucher vos clients/prospects.

Les lead magnets sont souvent utilisés pour se créer sa liste d'emails. Ils peuvent prendre différentes formes, comme un guide, une vidéo, un webinaire, un livre électronique, un modèle, un outil en ligne, etc. L'objectif est de donner aux visiteurs une raison de fournir leurs coordonnées en échange d'une valeur ajoutée.

Pour que votre Lead Magnet soit pertinent pour votre audience, il doit apporter de la valeur. Il répond à un besoin ou à une question précise de vos prospects. Il est de qualité et apporte une réelle valeur ajoutée à vos prospects, sinon vous perdez un prospect… Il doit être facile à comprendre et à lire, il est bien présenté et esthétiquement agréable.

Concernant la taille votre LeadMagnet peut très bien répondre à une problématique juste en 2 pages A4. En fait ce n'est pas la taille qui compte… Inutile de noyer la valeur que vous apportez dans du blabla inutile, concentrez vous sur la valeur.

Vous pourrez créer votre lead-magnet pour votre propre activité, ou encore en proposer la création sur des plateformes de microservice telles que Fiverr, Upwork…

Exemple de création de lead-magnet

Il est possible de créer des lead magnets de qualité facilement et rapidement, en utilisant ChatGPT :

- Identifiez le sujet de votre lead magnet et de la forme qu'il prendra (par exemple, un guide, un livre électronique, un script de closing, etc.).
- Préparez un script ou une liste de points à couvrir dans votre lead magnet.
- Lancez ChatGPT et entrez les points de votre script pour générer du texte expliquant chaque point de manière cohérente et fluide.
- Vérifiez et révisez le texte généré par ChatGPT pour vous assurer qu'il est clair et bien écrit.
- Intégrez le texte généré par ChatGPT dans votre lead magnet, en y ajoutant éventuellement d'autres éléments tels que des images, des vidéos ou des liens.
- Offrez votre lead magnet sur votre site web ou sur les réseaux sociaux en échange de l'adresse e-mail de vos visiteurs.

Imaginons que notre expertise soit de créer des audiences qualifiées sur Twitter. Nous allons détailler le processus pour créer un Lead-Magnet sur Comment développer une audience qualifiée sur Twitter avec chatGPT. Vous pourrez proposer aux personnes qui vous suivent de récupérer ce LeadMagnet en échange d'un email, par exemple grâce à un formulaire Mailchimp.

Nous commençons par demander à chatGPT : *"Donne moi le plan d'un Lead-Magnet sur Comment développer une audience qualifiée sur Twitter"*

> **PE** Donne moi le plan d'un Lead-Magnet sur Comment développer une audience qualifiée sur Twitter".

> Voici un plan possible pour un Lead-Magnet sur le sujet "Comment développer une audience qualifiée sur Twitter" :
>
> 1. Introduction : présentation du sujet et des bénéfices pour les lecteurs d'apprendre à développer une audience qualifiée sur Twitter
> 2. Pourquoi Twitter est-il important pour atteindre une audience qualifiée ? Explication des avantages de Twitter par rapport à d'autres réseaux sociaux pour atteindre un public ciblé.
> 3. Comment identifier sa cible sur Twitter ? Présentation des différentes méthodes pour trouver les personnes qui seront les plus intéressées par votre contenu et votre message.
> 4. Comment créer du contenu engageant pour votre audience qualifiée ? Conseils pour produire du contenu de qualité qui plaira à votre audience ciblée et les incitera à vous suivre.
> 5. Comment utiliser les hashtags et les listes pour atteindre une audience qualifiée ? Présentation des différentes techniques pour utiliser les hashtags et les listes pour cibler votre audience et la faire grandir.
> 6. Comment interagir avec votre audience qualifiée ? Conseils pour engager votre audience et la fidéliser en répondant à leurs questions, en faisant des retweets et en organisant des concours.
> 7. Conclusion : résumé des principaux points abordés et encouragement à mettre en pratique les conseils donnés pour développer une audience qualifiée sur Twitter.

Votre première tâche va être de relire ce que l'intelligence artificielle vous a proposé. Si vous êtes d'accord, vous pouvez passer à la suite. Vous pouvez aussi lui demander de reformuler ou de développer des points, de condenser… Exemple : *"Propose un plan plus simple avec seulement cinq points"*. A noter que j'aurais pu faire exactement l'inverse et demander un plan plus détaillé.

> **PE** Propose un plan plus simple avec seulement cinq points

> Voici un plan plus simple, avec cinq points, pour un Lead-Magnet sur le sujet "Comment développer une audience qualifiée sur Twitter" :
>
> 1. Introduction : présentation du sujet et des bénéfices pour les lecteurs d'apprendre à développer une audience qualifiée sur Twitter
> 2. Comment identifier sa cible sur Twitter ? Présentation des différentes méthodes pour trouver les personnes qui seront les plus intéressées par votre contenu et votre message.
> 3. Comment créer du contenu engageant pour votre audience qualifiée ? Conseils pour produire du contenu de qualité qui plaira à votre audience ciblée et les incitera à vous suivre.
> 4. Comment utiliser les hashtags et les listes pour atteindre une audience qualifiée ? Présentation des différentes techniques pour utiliser les hashtags et les listes pour cibler votre audience et la faire grandir.
> 5. Conclusion : résumé des principaux points abordés et encouragement à mettre en pratique les conseils donnés pour développer une audience qualifiée sur Twitter.

Admettons que nous soyons satisfait de la proposition de l'IA. Passons à la suite : "écrit l'introduction"

Voici une introduction possible pour un Lead-Magnet sur le sujet "Comment développer une audience qualifiée sur Twitter" :

"Vous souhaitez utiliser Twitter pour atteindre une audience qualifiée, c'est-à-dire une audience intéressée par votre message et votre contenu ? Vous êtes au bon endroit ! Dans ce Lead-Magnet, nous allons vous montrer comment développer une audience qualifiée sur Twitter, en vous donnant des conseils pratiques et en vous expliquant les meilleures techniques à mettre en place. Grâce à ces informations, vous pourrez atteindre une audience ciblée et engagée, qui vous suivra et interagira avec vous sur le réseau social. Alors, prêt à découvrir comment développer une audience qualifiée sur Twitter ? C'est parti !"

Il y a un point qui me dérange, je ne veux pas qu'il parle de leader-magnet qui a une connotation trop marketing pour mes lecteurs. Je lui demande de changer cela : *"Reformule et au lieu de dire dans ce lead magnet, parle de Guide"*

Voici une reformulation de l'introduction avec le mot "guide" à la place de "Lead-Magnet" :

"Vous souhaitez utiliser Twitter pour atteindre une audience qualifiée, c'est-à-dire une audience intéressée par votre message et votre contenu ? Vous êtes au bon endroit ! Dans ce guide, nous allons vous montrer comment développer une audience qualifiée sur Twitter, en vous donnant des conseils pratiques et en vous expliquant les meilleures techniques à mettre en place. Grâce à ces informations, vous pourrez atteindre une audience ciblée et engagée, qui vous suivra et interagira avec vous sur le réseau social. Alors, prêt à découvrir comment développer une audience qualifiée sur Twitter ? C'est parti !"

Si je suis satisfait, je passe au paragraphe suivant. Si je lui dit d'écrire le paragraphe suivant l'IA semble un peu perdue. Donc je précise : *"écrit le paragraphe "Comment identifier sa cible sur Twitter ? Présentation des différentes méthodes pour trouver les personnes qui seront les plus intéressées par votre contenu et votre message."*

 Voici le paragraphe "Comment identifier sa cible sur Twitter ?" :

"Pour développer une audience qualifiée sur Twitter, il est essentiel de commencer par identifier votre cible, c'est-à-dire les personnes qui seront les plus intéressées par votre contenu et votre message. Il y a plusieurs méthodes pour trouver votre cible sur Twitter :

- Utiliser les outils de recherche : Twitter propose plusieurs outils de recherche avancée, qui vous permettent de trouver des utilisateurs selon différents critères, comme leur localisation, leur nom d'utilisateur ou leurs centres d'intérêt. Vous pouvez par exemple rechercher les utilisateurs qui tweetent sur un sujet précis, ou qui utilisent un hashtag spécifique.
- Suivre les influenceurs : une autre méthode consiste à suivre les influenceurs du domaine qui vous intéresse. En suivant ces personnes, vous allez découvrir de nouveaux utilisateurs qui partagent les mêmes centres d'intérêt que vous.
- Utiliser les listes : vous pouvez également créer ou suivre des listes sur Twitter, qui regroupent des utilisateurs qui tweetent sur un sujet précis. Cela vous permet de suivre facilement un groupe de personnes qui partagent les mêmes centres d'intérêt que vous.
- Utiliser les outils de ciblage publicitaire : enfin, si vous souhaitez cibler votre audience de manière encore plus précise, vous pouvez utiliser les outils de ciblage publicitaire proposés par Twitter. Ces outils vous permettent de sélectionner très précisément les utilisateurs que vous souhaitez atteindre, en fonction de leur profil, de leurs centres d'intérêt et de leur localisation."

Soit je suis satisfait du contenu, soit je lui demande de préciser certains points. Par exemple : *"donne plus de détail sur les outils de recherche"*

Voici plus de détails sur les outils de recherche proposés par Twitter :

- La barre de recherche : la barre de recherche de Twitter vous permet de trouver des tweets, des utilisateurs ou des hashtags qui correspondent à un mot-clé ou à une expression. Vous pouvez également utiliser des opérateurs de recherche avancés pour affiner votre recherche, comme "from:nomdutilisateur" pour trouver les tweets d'un utilisateur spécifique, ou "near:ville" pour trouver les tweets à proximité d'une ville.
- Les recherches avancées : en cliquant sur le lien "Recherche avancée" à côté de la barre de recherche, vous accédez à une page qui vous permet de trouver des tweets, des utilisateurs ou des hashtags qui correspondent à des critères plus précis. Vous pouvez par exemple sélectionner un emplacement géographique, une langue ou un mot-clé spécifique.
- L'API de recherche : enfin, si vous souhaitez automatiser vos recherches ou récupérer les résultats de manière plus structurée, vous pouvez utiliser l'API de recherche de Twitter. Cette API vous permet de faire des requêtes de recherche via une interface de programmation (API) et de récupérer les résultats sous forme de données structurées (JSON ou XML). Pour utiliser l'API de recherche, vous devez vous enregistrer et obtenir un jeton d'accès (access token).

Et je continue ainsi pour chaque paragraphe. Il ne me reste plus qu'à continuer partie par partie à raffiner jusqu'à obtenir mon texte complet.

Lorsque j'ai l'intégralité de mon texte je peux le rajouter dans un document google doc, mettre en forme, ajouter des illustrations et ensuite le convertir en PDF ou via un outil de génération de présentations automatique tel que **Tome.app**

Image créée avec tome. Vous pouvez faire un essai gratuit en cliquant sur l'image ou ici **https://tome.app/invite/phil-clcekww14cg5h3adgf9mi8bc1**

RENTIER DIGITAL EN CRÉANT DES OUTILS

Il est possible que ChatGPT puisse aider à créer outils, des génératurs et à gagner de l'argent de différentes manières. Même un non-programmeur peut s'aider de l'IA pour gagner de l'argent et se créer une rente digitale.

Par exemple ChatGPT peut écrire des plugins Wordpress, des scripts PHP, du code HTML5, du code python, des scripts linux… Non seulement chatbot propose le code, mais en plus il explique. En cas d'erreur, il peut également le corriger.

Ils peuvent ensuite être monétisés de plusieurs moyens :

- utilisés sur votre site pour proposer des services que vous monétisez via publicité, affiliation, génération de lead, paywall CPA, en échange d'un email…
- revendus sur des place de marché comme Envato
- utilisés pour créer des tutoriels de développement et monétisés par de la publicité, comme lead-magnet
- Vous pouvez monétisez une chaîne Youtube en montrant comment faire un code qui répond à une problématique recherchée.

Autre avantage, lorsque vous avez besoin de développer des morceaux de code pour personnaliser votre site, vous n'avez plus besoin de payer de développeurs. Attention, cependant chatGPT ne remplacera pas un développeur !

ChatGPT peut par exemple créer des plugins Wodpress comme :

- Un plug-in de galerie d'images : ce plug-in ajouterait une nouvelle fonctionnalité à votre site WordPress qui vous permettrait de créer et de gérer une galerie d'images en utilisant une interface conviviale.
- Un plugin qui supprime le footer d'un thème Wordpress.
- Un plug-in de formulaire de contact : ce plug-in vous permettrait de créer et de gérer un formulaire de contact sur votre site WordPress, afin que les utilisateurs puissent vous envoyer des messages directement depuis votre site.
- Un plug-in de SEO : ce plug-in vous aiderait à optimiser votre site WordPress pour les moteurs de recherche en vous offrant des suggestions pour améliorer le contenu et la structure de votre site, ainsi que des outils pour suivre vos performances SEO.
- Un plug-in de visualisation de données JSON : ce plug-in vous permettrait de visualiser les données JSON de manière attrayante et interactive sur votre site WordPress. Vous pourriez utiliser des graphiques, des diagrammes et d'autres éléments visuels pour représenter les données de manière lisible et facilement compréhensible.
- Un plug-in de transformation de données JSON : ce plug-in vous permettrait de transformer les données JSON en différents formats, tels que CSV, Excel ou XML, afin que vous puissiez utiliser ces données dans d'autres applications ou les partager avec d'autres utilisateurs.

Ou encore des plugins Woocommerce comme :

- Un plug-in de personnalisation de produits : ce plug-in vous permettrait de créer des options de personnalisation pour vos produits, afin que vos clients puissent les personnaliser à leur guise (par exemple, en ajoutant un nom ou une image).
- Un plugin qui affiche "Nouveau" quand un produit a été ajouté depuis moins d'une semaine sur votre ecom.

- Un plug-in de paiement en plusieurs fois : ce plug-in vous permettrait d'offrir à vos clients la possibilité de payer leurs achats en plusieurs fois, avec des options de paiement personnalisables.
- Un plug-in de gestion des stocks : ce plug-in vous aiderait à gérer les stocks de vos produits en temps réel, en vous informant des niveaux de stock et en vous alertant lorsque des produits sont en passe de manquer.
- Un plug-in d'abonnement : ce plug-in vous permettrait de créer et de gérer des abonnements pour vos produits, de manière à ce que vos clients puissent acheter des produits de manière récurrente.

Ou personnaliser des formulaires, des morceaux de page, changer le style d'un élément HTML, etc…

Pour des opérations complexes il faut en général procéder en plusieurs étapes. Parfois le chatbot va nous indiquer directement ce qu'il faut modifier dans un code pour qu'il fonctionne correctement. Il est ainsi possible assez simplement d'avoir des codes fonctionnels à utiliser pour ses propres besoins ou à vendre, ou des outils à monétiser sur son site.

Comme nous allons le voir dans les deux exemples suivants, même sans connaissance en développement vous pouvez utiliser chatGPT pour créer des outils et devenir rentier digital.

Exemple d'un générateur de nom

De nombreuses personnes sont à la recherche d'idées pour le nom de leur entreprise. Et serait assez facile de générer un tel outils et amener du trafic sur son site web. Voici comment je procéderai. Je demanderais :" *Creer un script php qui crée un nom d'entreprise marrant"*

 Voici comment je pourrais écrire un script PHP qui génère un nom d'entreprise marrant :

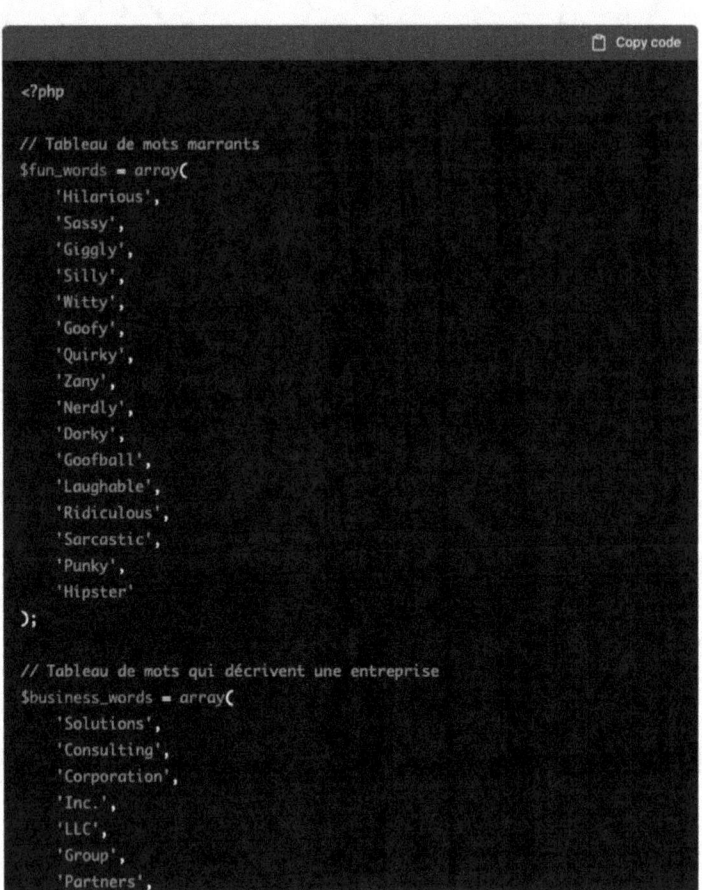

```php
    'Company',
    'Enterprises',
    'Ltd.',
    'Incubator',
    'Venture',
    'Startup',
    'Academy',
    'Institute',
    'Workshop'
);

// Génère un nom d'entreprise marrant en combinant un mot marrant et un
mot qui décrit une entreprise
$funny_business_name = $fun_words[array_rand($fun_words)] . ' ' .
$business_words[array_rand($business_words)];

echo $funny_business_name;
```

Ce script PHP utilise les tableaux `$fun_words` et `$business_words` pour stocker des mots marrants et des mots qui décrivent une entreprise, puis combine au hasard un mot de chaque tableau pour créer un nom d'entreprise marrant. Vous pouvez personnaliser les mots de ces tableaux pour générer des noms d'entreprise différents.

Ici chatGPT nous propose des listes de mots en anglais point aucun souci on peut lui demander de nous régénérer le code avec des listes de mots en français... *"peux tu refaire le code avec des listes en français"*

```php
// Tableau de mots marrants en français
$fun_words = array(
    'Drôle',
    'Narquois',
    'Espiègle',
    'Bouffon',
    'Malicieux',
    'Farfelu',
    'Bizarre',
    'Zinzin',
    'Geek',
    'Nerd',
    'Goofy',
    'Rigolo',
    'Ridicule',
    'Sarcastique',
    'Rebelle',
    'Hipster'
);
```

Une fois que le code nous convient, si l'on ne sait pas comment le faire exécuter sur son site Wordpress, on peut demander conseil : *"comment ajouter ce code sur mon site"*

 Pour ajouter ce code sur votre site WordPress, vous pouvez suivre les étapes suivantes :

1. Créez un nouveau fichier PHP et copiez-y le code que j'ai écrit. Enregistrez le fichier dans le répertoire de votre thème WordPress (par exemple, `wp-content/themes/mon-theme/funny-business-name.php`).
2. Ensuite, vous pouvez ajouter le code qui appelle ce fichier PHP à l'endroit où vous souhaitez afficher le nom d'entreprise marrant sur votre site. Si vous souhaitez afficher le nom d'entreprise marrant dans le thème de votre site, vous pouvez l'ajouter à un template de thème. Par exemple, si vous souhaitez l'afficher dans le fichier `header.php` de votre thème, vous pouvez ajouter le code suivant :

```php
<?php
    // Appelle le fichier qui génère le nom d'entreprise marrant
    include( get_template_directory() . '/funny-business-name.php' );
?>
<h1><?php echo $funny_business_name; ?></h1>
```

Ce code inclut le fichier PHP qui génère le nom d'entreprise marrant et affiche le résultat dans une balise `h1`. Vous pouvez ajouter ce code à n'importe quel template de thème ou à n'importe quelle page

La réponse proposée de ne me plaît pas car trop compliquée, je demande une méthode plus simple : *je préfère une page html et pas de plugin"*

Si vous préférez utiliser une page HTML pour afficher le nom d'entreprise marrant et que vous ne souhaitez pas utiliser de plugin WordPress, vous pouvez créer une page PHP qui génère du code HTML en utilisant la fonction `echo`.

Voici comment vous pouvez utiliser cette approche :

1. Créez un nouveau fichier PHP et copiez-y le code que j'ai écrit pour générer le nom d'entreprise marrant. Enregistrez le fichier avec l'extension `.php` (par exemple, `funny-business-name.php`).
2. Ouvrez le fichier PHP que vous venez de créer dans un éditeur de code et ajoutez le code suivant pour générer du code HTML qui affiche le nom d'entreprise marrant :

```
<!DOCTYPE html>
<html>
    <head>
        <title>Funny Business Name</title>
    </head>
    <body>
        <h1><?php echo $funny_business_name; ?></h1>
    </body>
</html>
```

3. Enregistrez le fichier PHP et ouvrez-le dans votre navigateur web. Vous devriez voir le nom d'entreprise marrant affiché sur la page.

Vous pouvez maintenant utiliser ce fichier PHP comme une page HTML normale sur votre site et l'inclure dans votre menu

Exemple de création d'un Plugin Wordpress Pas à Pas

Imaginons que je voudrais créer un plug-in WordPress qui permet de créer un QR Code à partir d'une adresse internet : *"ecrit un plugin Wordpress qui génère un qrcode à partir d'une URL"*

 ecrit un code wordpress qui affiche un qrcode

 Voici comment je pourrais écrire un code WordPress qui affiche un QR code sur votre site :

1. Tout d'abord, vous devrez inclure une bibliothèque de génération de QR code (comme QRcode.js ou QRious) sur votre site. Vous pouvez le faire en téléchargeant le fichier JavaScript correspondant et en l'incluant dans votre thème en utilisant la fonction `wp_enqueue_script`.
2. Ensuite, vous pouvez utiliser la fonction de génération de QR code de la bibliothèque pour créer l'image du QR code. Par exemple, si vous utilisez QRcode.js, vous pouvez utiliser la fonction `QRcode.toCanvas` comme ceci :

```html
<canvas id="qr-code"></canvas>
<script>
  QRcode.toCanvas(document.getElementById('qr-code'),
  'http://example.com', function (error) {
    if (error) console.error(error)
    console.log('success!');
  })
</script>
```

3. Si vous voulez afficher le QR code dans un article ou une page WordPress, vous pouvez utiliser le shortcode suivant :

```
[qr-code]http://example.com[/qr-code]
```

Pour que ce shortcode fonctionne, vous devrez d'abord déclarer une fonction qui prend en entrée le contenu du shortcode et qui utilise la bibliothèque de génération de QR code pour créer l'image du QR code. Vous pouvez déclarer cette fonction dans le fichier `functions.php` de votre thème ou dans un plug-in WordPress.

Pour que ce shortcode fonctionne, vous devrez d'abord déclarer une fonction qui prend en entrée le contenu du shortcode et qui utilise la bibliothèque de génération de QR code pour créer l'image du QR code. Vous pouvez déclarer cette fonction dans le fichier `functions.php` de votre thème ou dans un plug-in WordPress.

Voici à quoi pourrait ressembler cette fonction :

```php
function qr_code_shortcode( $atts, $content = null ) {
    ob_start();
    ?>
    <canvas id="qr-code"></canvas>
    <script>
        QRcode.toCanvas(document.getElementById('qr-code'), '<?php echo $content; ?>', function (error) {
            if (error) console.error(error)
            console.log('success!');
        })
    </script>
    <?php
    return ob_get_clean();
}
add_shortcode( 'qr-code', 'qr_code_shortcode' );
```

Vous pouvez maintenant utiliser le shortcode `[qr-code]http://example.com[/qr-code]` pour afficher un QR code qui renvoie à l'URL `http://example.com` dans n'importe quel article ou page de votre site WordPress.

Comment peut le voir le chatbot donne toutes les instructions à suivre pas à pas. Comme il n'est pas en mesure de nous donner un plugin entier de A à Z, on est obligé de procéder par étapes.

PE Comment mettre la fonction dans un plugin

Voici comment vous pouvez mettre la fonction de génération de QR code dans un plug-in WordPress :

1. Tout d'abord, vous devrez créer un nouveau dossier dans le répertoire `wp-content/plugins` de votre installation WordPress et y ajouter un fichier principal `qr-code.php` qui servira à déclarer le plug-in et à inclure tous les autres fichiers nécessaires.
2. Dans le fichier `qr-code.php`, vous devrez déclarer le plug-in en utilisant les commentaires de métadonnées spéciaux qui sont lus par WordPress lors de l'activation du plug-in. Vous devrez également définir une fonction principale qui sera appelée lors de l'activation du plug-in.
3. Ensuite, vous devrez inclure la bibliothèque de génération de QR code (comme QRcode.js ou QRious) en téléchargeant le fichier JavaScript correspondant dans votre répertoire de plug-in et en l'incluant dans le fichier `qr-code.php` à l'aide de la fonction `wp_enqueue_script`.
4. Vous pouvez maintenant déclarer la fonction de génération de QR code dans votre fichier `qr-code.php`. Voici à quoi pourrait ressembler cette fonction :

```
function qr_code_shortcode( $atts, $content = null ) {
    ob_start();
    ?>
    <canvas id="qr-code"></canvas>
    <script>
```

comment déclarer le plugin dans qr-code.php

Pour déclarer un plug-in WordPress dans le fichier `qr-code.php`, vous devrez utiliser des commentaires de métadonnées spéciaux qui sont lus par WordPress lors de l'activation du plug-in. Ces commentaires doivent être placés en haut du fichier `qr-code.php`, juste après l'ouverture de la balise `<?php`.

Voici un exemple de commentaires de métadonnées qui déclareraient un plug-in nommé "QR Code Generator" :

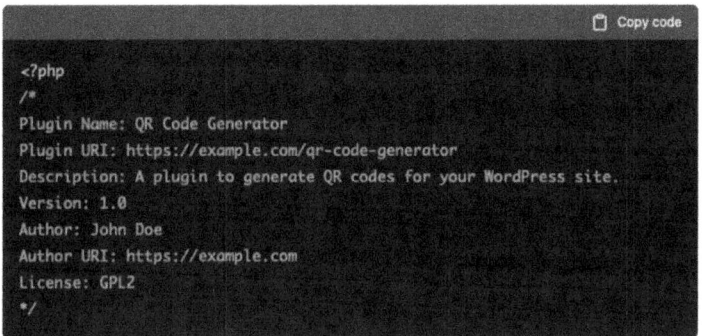

```php
<?php
/*
Plugin Name: QR Code Generator
Plugin URI: https://example.com/qr-code-generator
Description: A plugin to generate QR codes for your WordPress site.
Version: 1.0
Author: John Doe
Author URI: https://example.com
License: GPL2
*/
```

Ces commentaires de métadonnées fournissent à WordPress des informations sur le nom, la description, la version et l'auteur du plug-in, ainsi que sur la licence sous laquelle il est distribué. Vous pouvez également inclure d'autres informations telles que l'URL du site du plug-in et l'URL de l'auteur.

Une fois que vous avez ajouté ces commentaires de métadonnées, vous pouvez déclarer une fonction principale qui sera appelée lors de l'activation du plug-in. Cette fonction pe

Voici comment continuer à développer votre plug-in WordPress qui génère des QR codes :

1. Une fois que vous avez déclaré votre plug-in et inclus la bibliothèque de génération de QR code, vous pouvez commencer à écrire la fonction de génération de QR code. Cette fonction devra prendre une URL en entrée et utiliser la bibliothèque de génération de QR code pour créer l'image du QR code correspondant. Elle devra renvoyer l'image du QR code sous forme de chaîne de caractères HTML.
2. Vous pouvez ensuite ajouter un shortcode qui appelle la fonction de génération de QR code et qui affiche l'image du QR code dans l'article ou la page WordPress. Le shortcode pourrait être utilisé comme ceci : `[qr-code url="http://example.com"]`.

Pour que ce shortcode fonctionne, vous devrez déclarer une fonction qui prend en entrée le contenu du shortcode et qui utilise la fonction de génération de QR code pour créer l'image du QR code. Vous pouvez déclarer cette fonction en utilisant la fonction `add_shortcode` de WordPress.

Voici à quoi pourrait ressembler cette fonction :

```
function qr_code_shortcode( $atts ) {
    $atts = shortcode_atts( array(
        'url' => '
```

Pour terminer le développement de votre plug-in WordPress qui génère des QR codes, vous pouvez ajouter une interface d'administration qui permettra à l'utilisateur de configurer les options du QR code, telles que la taille, la couleur et le style de l'image.

Voici comment vous pouvez ajouter cette interface d'administration :

1. Tout d'abord, vous devrez créer une page d'options pour votre plug-in en utilisant la fonction `add_options_page` de WordPress. Cette fonction prend en entrée le titre de la page, le titre du menu, le nom de l'utilisateur qui doit avoir accès à la page, et le nom de la fonction qui affichera la page.

Voici à quoi pourrait ressembler le code qui crée la page d'options :

```
add_options_page(
    'QR Code Options',
    'QR Code',
    'manage_options',
    'qr-code-options',
    'qr_code_options_page'
);
```

2. Vous devrez ensuite déclarer la fonction `qr_code_options_page` qui affichera la page d'options. Cette fonction devra utiliser la fonction `settings_fields` et `do_settings_sections` de WordPress pour afficher les champs de formulaire et les sections de la page d'options.

Voici à quoi pourrait ressembler la fonction `qr_code_options_page` :

```
function qr_code_options_page() {
    ?>
    <div class="wrap">
        <h1>QR Code Options</h1>
        <form method="post"
```

A ce stade vous avez toute la matière pour créer le plugin, l'assembler et le mettre en place.

CONCLUSION ET RÉFLEXIONS FUTURES SUR L'UTILISATION DE L'IA POUR DEVENIR RENTIER DIGITAL

Nous sommes vraiment à l'aube d'une révolution avec l'IA et les nouveaux usages de l'IA pour les rentiers digitaux ! Cette technologie a le potentiel de changer radicalement la manière dont nous gérons notre patrimoine et investissons.

Imaginez pouvoir automatiser certaines tâches fastidieuses grâce à l'IA, comme la recherche de nouvelles opportunités d'investissement, ou pouvoir prendre des décisions basées sur une analyse de données en temps réel. Cela rendrait la gestion de patrimoine et les investissements beaucoup plus efficaces et rentables.

Mais il est important de noter que, même si l'IA peut nous aider de manière incroyable, elle ne remplacera jamais complètement l'expertise humaine. C'est pourquoi il est crucial de s'assurer de comprendre comment fonctionne l'IA et comment l'utiliser de manière responsable.

En utilisant l'IA de manière stratégique et en la combinant avec notre propre expertise, nous pouvons devenir de véritables rentiers digitaux prospères ! Alors, mettons tout en œuvre pour tirer le meilleur parti de cette technologie incroyable.

Il y a plusieurs défis et opportunités à prendre en compte pour ceux qui utilisent l'IA pour devenir rentier digital. Tout d'abord, il est important de bien comprendre comment fonctionne l'IA et comment l'utiliser de manière appropriée. Cela peut nécessiter de se familiariser avec les concepts de base de l'IA et de s'informer sur les différentes approches et techniques utilisées.

Il est également important de gérer les risques liés à l'utilisation de l'IA, comme la perte de données ou la dépendance excessive à cette technologie. Pour minimiser ces risques, il est important de mettre en place des mesures de gestion des risques.

Ensuite, il y a de nombreuses opportunités pour ceux qui utilisent l'IA pour devenir rentier digital, mais il est important de s'assurer de trouver celles qui sont les plus adaptées à ses objectifs et à son profil de risque. Cela peut nécessiter de faire des recherches et de se faire conseiller par des experts.

Enfin, il est essentiel de rester à jour sur les dernières avancées en matière d'IA et de technologies associées. Cela peut nécessiter de suivre des formations et de lire régulièrement des articles de fond sur le sujet.

En prenant en compte ces défis et opportunités, ceux qui utilisent l'IA pour devenir rentier digital peuvent mettre toutes les chances de leur côté pour réussir !

Philippe Eveilleau

PS : évidemment que ce livre a été co-écrit avec une IA ;-) Le mot important dans la phrase précédente est co-écrit. L'IA est un nouvel outil incroyable. Mais cela reste un outil à dompter et explorer !

BONUS

L'intelligence artificielle bouge vite !

Soyez les premiers au courant de ses évolutions en rejoignant notre communauté gratuitement. Vous recevrez :

- Les mises à jour de ce livre à vie
- Vous rejoindrez une communauté de rentiers digitaux pour recevoir soutien, entraide, veille
- Vous connaîtrez les meilleurs outils connus par seulement le Top 1% de la population

https://digit-mentor.com/rentier-digital/

Comment j'ai fait, et comment vous pouvez faire pour créer un QRCode comme celui-ci avec l'IA ?

J'ai demandé : *"comment creer un qrcode en python pour cette page https://digit-mentor.com/rentier-digital/"* . J'ai choisi python car l'interpréteur python est installé sur ma machine et est facile à utiliser....

 Voici comment créer un QR code en Python pour la page https://digit-mentor.com/rentier-digital/ :

1. Commencez par installer le module Python QR code en utilisant la commande suivante

```
pip install qrcode
```

2. Ensuite, créez un nouveau fichier Python et ajoutez les lignes suivantes pour importer le module et créer l'objet QR code :

```python
import qrcode

qr = qrcode.QRCode(
    version=1,
    error_correction=qrcode.constants.ERROR_CORRECT_L,
    box_size=10,
    border=4,
)
```

3. Ajoutez la ligne suivante pour ajouter l'URL de la page à l'objet QR code :

```
qr.add_data('https://digit-mentor.com/rentier-digital/')
```

4. Enfin, ajoutez les lignes suivantes pour générer l'image QR code et l'enregistrer dans un fichier :

```
qr.make(fit=True)

img = qr.make_image(fill_color="black", back_color="white")

img.save("qrcode.png")
```

Vous devriez maintenant avoir un fichier image nommé "qrcode.png" contenant le QR code pour la page https://digit-mentor.com/rentier-digital/. Vous pouvez l'utiliser comme vous le souhaitez, par exemple en l'intégrant à une page Web ou en l'imprimant.

Tout fier de moi, je lance donc le code dans mon terminal :

```
code % python3 qrcode.py
Traceback (most recent call last):
  File "/Users/phil/Documents/inforeole/code/qrcode.py", line 1, in <module>
    import qrcode
  File "/Users/phil/Documents/inforeole/code/qrcode.py", line 3, in <module>
    qr = qrcode.QRCode(
AttributeError: partially initialized module 'qrcode' has no attribute 'QRCode' (most likely due to a circular import). Did you mean: 'qrcode'?
code % nano qrcode.py
code % python3 qrcode.py
Traceback (most recent call last):
  File "/Users/phil/Documents/inforeole/code/qrcode.py", line 1, in <module>
    import Qrcode
ModuleNotFoundError: No module named 'Qrcode'
```

Hélas, cela ne fonctionne pas... Je copie-colle le message d'erreur dans chatGPT et lui demande de l'aide :

ca marche pas :
Traceback (most recent call last):
  File "/Users/phil/Documents/inforeole/code/qrcode.py", line 1, in <module>
    import qrcode
  File "/Users/phil/Documents/inforeole/code/qrcode.py", line 3, in <module>
    qr = qrcode.QRCode(
AttributeError: partially initialized module 'qrcode' has no attribute 'QRCode' (most likely due to a circular import). Did you mean: 'qrcode'?

Il semble que vous ayez un problème avec votre importation du module QR code. Le message d'erreur "partially initialized module 'qrcode' has no attribute 'QRCode'" indique que le module QR code n'a pas été entièrement initialisé, ce qui peut être dû à une importation circulaire.

Il est possible que vous ayez un fichier Python dans votre répertoire de travail qui s'appelle également "qrcode.py", et que Python essaie d'importer ce fichier au lieu du module QR code. Pour résoudre ce problème, vous pouvez renommer votre fichier ou utiliser un import explicitement qualifié, comme ceci :

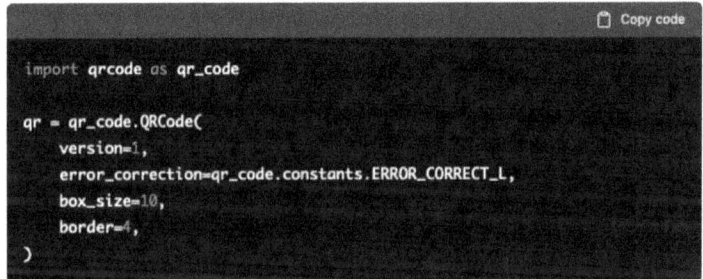

```python
import qrcode as qr_code

qr = qr_code.QRCode(
    version=1,
    error_correction=qr_code.constants.ERROR_CORRECT_L,
    box_size=10,
    border=4,
)
```

Vous devriez maintenant être en mesure d'importer le module QR code et de créer l'objet QR code sans problème.

Ah j'ai compris, j'avais appelé mon programme qrcode.py qui était le même nom que la bibliothèque. Je renomme et mon fichier et voilà mon QRCode est prêt !

Et si vous ne savez pas installer python devinez comment trouver la solution en 10 secondes…?!

NOTES

Notes

www.ingramcontent.com/pod-product-compliance
Lightning Source LLC
Chambersburg PA
CBHW050010230526
45465CB00003BB/1358